Das Erlösungswerk

Von der Versöhnung Gottes und der Mission Jesu

von Johannes Wilhelm

2. Auflage
Taschenbuchausgabe von 2019
Herbst Medien

ISBN: 9783947465262

DAS *ERLÖSUNGS-WERK*

Von der Versöhnung Gottes und der Mission Jesu

Eine Aufklärung über die neue Bibel und das neue Wort Gottes an die Menschheit des 3. Jahrtausends

Zusammengestellt & bearbeitet von

Hanno Herbst

Hanno Herbst - Musik & Buch

Jesus:

„Ich hebe das durch Moses gegebene Gesetz nicht auf, sondern gebe es euch in seiner ursprünglichen Reinheit wieder. Nur das alte ‚Muss' hebe Ich auf und gebe euch die volle Freiheit. Und darin besteht hauptsächlich das Werk der Erlösung eurer Seelen aus dem harten Joch des Gerichtes und Satans, des Fürsten der Finsternis, dass ihr von nun an in Meinem Namen (das ist in der tätigen Gottes- und Nächstenliebe, HH) unter keinem Mussgesetz mehr stehen sollt!"

[Ev. Bd. 8, Kap. 20, 15]

Zur Buchreihe

„Die großen Lebens- und Kirchenfragen"

Viele Inhalte der Bibel wurden mit den Jahren durch im Geiste *nicht*-erweckte Theologen verändert und falsch ausgelegt, so dass es den Gläubigen unserer Zeit immer schwerer fallen muss, den inneren Sinn des Wortes Gottes zu erfassen und selbst Erleuchtung zu erfahren. Wie zu allen Zeiten der Menschheitsgeschichte leitet der Herr gerade dann Sein reines Wort zur Erde herab, wenn Finsternis und Wirrnisse am größten sind. Wir leben inmitten der verheißenen Zeit der Wiederkunft Christi, doch darunter, wie auch unter dem gesamten Glaubensleben, stellt sich der moderne Mensch heute etwas anderes vor als es in Wahrheit ist und sein sollte. Viel zu materiell sind die Begriffe vom Dasein geworden, als dass ein geistiges Verständnis vom Leben überhaupt noch möglich wäre. Bildung und Erkenntnis sind schon die Grundpfeiler des zeitlichen Lebens. Der Herr möchte in uns, durch die Erkenntnis der Wahrheit des Lebens, Seinen Geist erwecken und unsere Gemüter ausbilden zur Liebe und damit zum ewigen Leben unserer Seelen. Der Glaube an das Wort Christi und dessen Befolgung bilden dafür die Grundlage, jetzt und in Ewigkeit. Gott Selbst, in Seiner Wiederkunft als der Christus, dem Geist der Wahrheit aus Seinem Ur-Lebenszentrum der Liebe, lehrt uns hier persönlich in Seinem wiedergekommenen Wort der Neuoffenbarung.

„Das Erlösungswerk“

Warum gibt es überhaupt ein Erlösungswerk des Schöpfers? Wer oder was muss woraus, von wem, durch wen und wie erlöst werden und warum? Über kaum ein anderes Thema herrscht in den Kirchen soviel Kontroverse, Meinungsvielfalt, Uneinigkeit und Unkenntnis, wie gerade über dieses Größte und Wichtigste. In diesem Buch erhalten wir Aufschluss und es wird deutlich, wie und warum Gott keines Seiner Geschöpfe je wird verloren gehen können; und damit niemand untergehe aus Mangel an Erkenntnis (Hosea 4,6, sprich: In der Finsternis verbleibe), offenbart Sich die Ewige Liebe heute wieder neu und rein für uns in Ihrem ewig unveränderlichen Wort. Es berichtigt unter anderem die alte Kirchenlüge, dass Gottes Wort nur in der Bibel zu finden sei, beendet das Geschäft mit der

Angst und zeichnet ein korrektes Bild von dem Erlösungswerk eines Gottes, Der die Liebe Selbst ist wesenhaft in Ihrer reinster Form.

➔ Eine Zusammenstellung von Kundgaben aus der Neuoffenbarung.

Inhaltsverzeichnis

Kapitel 1
Das Erlösungswerk Jesu und die Versöhnung Gottes

Lesen wir zur Einführung in dieses größte Thema eine überaus wichtige Kundgabe, gegeben vom Herrn Selbst, damit deutlich wird, wie und warum Gott keines Seiner Geschöpfe je wird verloren gehen können. Damit niemand untergehe aus Mangel an Erkenntnis (Hosea 4,6), sprich: In der Finsternis verbleibe, offenbart Sich uns die Ewige Liebe heute, wie zu allen Zeiten, im ewig unveränderlichen Wort.

Das Geheimnis der Schöpfung

Der Herr:

„Wer Ohren hat zu hören, der höre, und wer Augen hat zu sehen, der sehe; denn siehe, Ich will euch ein gar großes Geheimnis enthüllen, damit ihr sehen möget, wie sich euer liebevollster, heiliger Vater euch von Angesicht zu Angesicht zu schauen und zu genießen brüderlich gibt. Denn die Kinder müssen eingeweiht sein in die große Haushaltung ihres Vaters von Ewigkeit her!

Die Gottheit war von Ewigkeit her die alle Unendlichkeit der Unendlichkeit durchdringende Kraft und war und ist und wird sein ewig die Unendlichkeit Selbst. In der Mitte Ihrer Tiefe war Ich von Ewigkeit die Liebe und das Leben Selbst in Ihr; aber siehe, Ich war blind wie ein Embryo im Mutterleibe! Die Gottheit aber gefiel Sich in der Liebe und drängte Sich ganz zu Ihrer Liebe. Und der Liebe ward es immer heißer und heißer in Ihrer Mitte, und es drängten sich Massen und Massen der Gottheit dahin, und alle Mächte und Kräfte stürmten auf Dieselbe los.

Und siehe, da entstand ein großes Rauschen, Brausen und Toben, und siehe, die Liebe ward geängstigt und gedrückt von allen Seiten, so dass die Liebe bis ins Innerste erbebte! Und die Liebe gewahrte es, und das Rauschen ward zum Ton, der Ton aber ward in der Liebe zum Wort, und das Wort sprach: „Es werde Licht!“ Und da loderte im Herzen die Flamme der entzündeten Liebe auf, und es ward Licht in allen Räumen der Unendlichkeit!

Und Gott sah in Sich die große Herrlichkeit Seiner Liebe, und die Liebe ward gestärkt mit der Kraft der Gottheit, und so verband Sich die Gottheit mit der Liebe ewiglich, und das Licht ging aus der Wärme hervor.

Und siehe, da sah die Liebe alle Herrlichkeiten, deren Zahl kein Ende ist, in der Gottheit, und die Gottheit sah, wie dieses alles aus der Liebe in Sie überging, und die Liebe sah in der Gottheit Ihre Gedanken und fand großes Wohlgefallen an denselben. Da entzündete Sich die Liebe von neuem, und die Kräfte der Gottheit rauschten um Sie, und siehe: Die Gedanken der Liebe waren selbst Liebe und waren ohne Zahl.

Da sah die Gottheit Ihre Herrlichkeit, und die Liebe empfand Ihre Macht. Und da sprach die Liebe in der Gottheit: „Lasset Uns die Gedanken der Herrlichkeit festhalten und heraustreten, dass sie frei werden und Uns empfinden und sehen, wie Wir sie empfinden und sehen und Wir sie empfanden und sahen, ehe noch das Licht ihre Formen erleuchtete!“

Da ging das Wort in die Gottheit über, und Sie ward

überall Liebe. Und siehe, da sprach die Gottheit zum ersten Male: „Es werde!“ Und es ward ein Heer der Geister aus Gott frei, deren Zahl kein Ende hat, und die Liebe sah Sich Selbst verunendlichfältigt und sah Ihre unendliche Schönheit vollkommen.

Aber alle die Wesen waren noch nicht lebendig und empfanden noch nicht und sahen noch nicht; denn sie waren noch außer der Liebe in der Gottheit fixierte Formen.

Und es dauerte die Liebe, und Sie regte Sich, und das Regen stieg in der Gottheit empor, und die Gottheit gab Ihre Gefangenen der Liebe, und Liebe durchdrang alles. Und siehe, da wurden die Formen lebendig und staunten sich an und wärmten sich an den Flammenströmen der göttlichen Liebe und bekamen dadurch selbständige Bewegung und Regsamkeit! Aber sie erkannten sich noch nicht.

Da sprach die Liebe abermals: „Lasst Uns machen, dass sie sich erkennen, damit sie dann Mich und durch Mich auch Dich erkennen mögen!“

Da stieg wieder das Wort in der Gottheit empor, und in der Gottheit ertönte das Wort, und das Wort ward zum Gesetz, und das Gesetz war die Liebe und strömte in alle über.

Und siehe, da wurden gebildet drei, und aus ihnen gingen hervor sieben! Und die drei waren gleich der Liebe, dem Licht und der Gottheit; und die sieben waren gleich den sieben Geistern Gottes, und sie heißen und werden ewig heißen: 1. Liebt die Liebe. 2. Fürchtet die Gottheit, welche tötet, – damit ihr nicht getötet werdet. 3. Die Liebe in euch ist heilig; darum achtet euch untereinander, wie euch die Liebe in der Gottheit achtet und Freude hat an euch. 4. Jeder ist sein Eigentum und das Eigentum der Liebe Gottes; daher werde keiner dem andern zum Raube. 5. Keiner verdecke je sein Antlitz vor dem andern, damit der andere nicht wisse, wie die Liebe ist, – damit ihr seid wie die Liebe, die euch werden hieß. 6. Euer Inneres sei auch euer Äußeres, damit keine falsche Regung in euch entstehe und ihr zugrunde geht 7. Euer Äußeres sei der getreue Widerschein eures inneren Spiegels, in welchem Sich die Liebe der Gottheit beschaut; sonst wird der innere Spiegel zerbrochen werden und eure Gestalt wird schrecklich werden.

Da donnerte die Gottheit in den unendlichen Räumen den Übertretern ein fürchterliches Strafgericht, und so ward die Anbetung der Gottheit in der allerhöchsten Furcht ihnen geboten, und es ward ihnen geboten die Liebe der Liebe. Und sie wurden hinausgestellt in der höchsten Freiheit und konnten tun, was sie wollten, und nichts soll sie hindern in ihrer Freiheit und bis zur Zeit, da sie sich werden erkannt haben in ihrer Freiheit und ihrer Demut, damit das Gesetz ihr eigenes werde und sie dann vollkommen frei würden.

Allein nun erkannten sie sich in ihrer großen Macht und alles überstrahlenden Herrlichkeit und Majestät, und der Oberste der drei, gleich dem Licht der Gottheit, entzündete sich in seiner Begierde, um sich der Gottheit vollends zu bemächtigen. Durch ihn entzündete sich ein großer Teil der Geister, die durch ihn wurden; und durch sie erbrannte auch die Gottheit in Ihrem Grimm gleich den zwei niederen Geistern der drei und schleuderte die böse Rotte in die Tiefe der Tiefe ihres Zornes.

Und die zwei und die aus ihnen hervorgingen und die sieben, deren Zahl gerecht war, wurden gefunden in der Treue ihrer Demut und wurden aufgenommen in die Kreise der Macht Gottes; und die Liebe sah, dass sie rein waren befunden, und freute Sich in ihrer Vollendung. Und siehe, die Kraft der Gottheit in der Liebe stieg empor, und die Gottheit bewegte Sich, und die Geschaffenen nahmen wahr die Bewegung der Gottheit, und die Gottheit bewegte Sich zu Ihrer Liebe, und den Geschaffenen wurden die Augen eröffnet, und sie sahen zum ersten Mal die ewige Liebe.

Da staunten die Heere der Zahllosen, und es entstand ein großer Jubel und eine große Freude unter ihnen; denn sie sahen die Macht Gottes in der Liebe und sahen die Liebe in sich und auch die Kraft, die sie werden hieß, und erkannten sich und erkannten die Liebe und erkannten Gott.

Nun bewegte Sich die Gottheit, und die Geschaffenen fürchteten sich vor der Gottheit, und die Liebe sah ihre Furcht und sah, dass ihre Furcht gerecht war, und die Furcht ward ihnen zum Gehorsam, und der Gehorsam war die Demut, und die Demut war ihre Liebe, und die Liebe ward ihr Gesetz, und das Gesetz ihre ewige Freiheit, und die Freiheit ward ihr Leben, und das Leben ihre Seligkeit ewiglich.

Nun siehe, die ewige Liebe redete sie an, und sie verstanden das Wort! Da lösten sich ihre Zungen, und das erste Wort, das ihren Lippen entschwamm, war Liebe. Und es gefiel der Gottheit der Ton ihrer Rede; und die Gottheit ward bewegt durch die Liebe, und die Bewegung formte sich in den Geschaffenen, und die Form wurde zum Ton, und der Ton war das zweite Wort und hieß – Gott.

Und nun erst waren die Geschaffenen vollendet. Und die Liebe sprach zu den Geschaffenen: „Der Erste unter euch ging verloren; daher übernehme Ich seine Stelle und werde sein unter euch ewiglich!“

Da lösten sich von neuem ihre Zungen, und ihre Knie beugten sich, und sie beteten die Liebe an.

Nun sieh weiter, was alles die Liebe tat, und Gott in der Liebe, und die Liebe in Gott! – Und es dauerte die Liebe der Verlorenen; aber die Gottheit erbebte in Ihrem Grimm, und es ward gehört in allen Räumen der Unendlichkeit Gottes ein großer Donner. Und der Donner drang bis zum Innersten der ewigen Liebe, und die Liebe allein verstand den Donner der Gottheit, und der Donner ward in Ihr zum Wort und sprach: „Alle Macht sei Dir untertan; tue nach Deinem Gefallen und sprich ‚Es werde!‘, und es wird sein!“

Und siehe, die Liebe wurde gerührt bis ins Innerste,

und es floss die erste Träne aus dem Auge der ewigen Liebe, und diese Träne floss aus dem Herzen der Gottheit und hieß und heißt und wird ewig heißen die Erbarmung.

Diese Träne ward zum großen Gewässer, und das Gewässer ergoss sich in alle Räume der Unendlichkeit und ergoss sich in die Tiefe der Tiefen des Zornes der Gottheit und milderte das Feuer des Grimms Gottes.

Und siehe, der Geist Gottes in Seiner Kraft wehte sanft über den Gewässern der Erbarmung, und die Gewässer teilten sich. Und Gott sprach aus Seiner Liebe, und Seine Liebe war das Wort, und das Wort stieg in die Tiefe der Tiefen und schwebte über den Gewässern, und die Gewässer wurden geschieden wie Tautropfen und wurden verteilt in groß und klein nach der Zahl der Verlorenen, die kein Ende hat, in alle Räume der Unendlichkeit.

Und siehe, der letzte Tropfen, der zurückblieb, der war der innerste der Gewässer und war der innerste der Erbarmung; und der wurde nicht verteilt, sondern blieb, wo er übrigblieb, und wurde bestimmt zum Mittelpunkt und zum Schauplatz der größten der Taten der ewigen Liebe.

Und nun siehe: Dieser letzte Tropfen ward geschaffen zur Erde, die du und deine Brüder bewohnen! Und die anderen Tropfen wurden geschaffen zu Sonnen, Erden und Monden aller Art, deren Zahl kein Ende hat; und siehe, so entstanden der sichtbare Himmel mit seinen Sternen, der Sonne, dem Monde und die sichtbare Erde mit den Meeren und festem Lande!

Und nun siehe und hebe deine Augen empor, und du wirst die Wunder der ewigen Liebe begreifen! Du siehst allezeit den Glanz der Sonne, das Licht des Mondes und den Schimmer und das Geflimmer der Sterne in ihren mannigfaltigsten Stellungen, die ihr Sternbilder nennt; du siehst auch die verschiedenartigsten Formationen in allen drei Reichen der naturmäßigen Erde; allein bis jetzt hat es noch niemand ergründet und recht begriffen, was und woher der Glanz der Sonne, und wie ihr dieser erteilt wurde, und das Leuchten des Mondes, und der Schimmer der Sterne und ihr Geflimmer und ihre mannigfaltigsten Stellungen, und all das Gebilde der Erde.

Denn siehe, Meine Kinder müssen in alles eingeweiht werden, was ihr heiliger, liebevollster Vater all für schöne Sachen hat zum Verschenken an Seine

Kinder, die Ihn erkennen und über alles ganz allein lieben und sich untereinander aus Liebe ihres Vaters wegen.

Nun siehe: Als alle die Sonnen mit ihren Erden durch die Macht der erbarmenden Liebe des ewigen und unendlichen Gottes wurden, da hatten sie noch keinen Glanz, kein Leuchten, keinen Schimmer und kein Geflimmer, denn es war noch große Nacht auf den gewordenen Sonnen und Erden und Monden; aber ins Zentrum der Sonnen senkte die ewige Liebe einen kleinen Funken Ihrer Gnade und dieser Funke durchglänzte schneller denn ein großer Blitz die finsteren Massen, und siehe, sie leuchteten den Erden, und mit großem Glanz, wie sie noch leuchten zur Stunde und leuchten werden, solange der Gnadenfunke ihnen nicht genommen wird.

Und siehe, da erglänzten auch die Erden und Monde und wurden verteilt zu den Sonnen in gerechter Anzahl, und die Liebe hauchte sie an durch die Kraft und Macht der Gottheit, und siehe, das Licht zitterte auf den Sonnen, die Meere der Erden wogten und wirbelten in ihren Fluten, und die Lüfte und Winde schwammen und wehten über die Erden gleich dem

Geiste Gottes über den Gewässern der Erbarmung! Und die Monde erhoben sich mächtig über ihre Erden, denen sie gegeben waren wie eine Frucht dem Baum, und fingen an, um dieselben zu kreisen in weiten Kreisen als stete Begleiter ihrer Entstehungen; und wo deren viele waren, wurden sie in feste Kreise vereinigt zum Zeichen der Liebe der Kinder, die unverwandt das Angesicht ihres Vaters schauen sollen wie die Monde ihre Erden, damit sie ihrer lockeren Beschaffenheit wegen nicht aus ihren Kreisen gerissen und zerstört würden.

Denn siehe, die Monde sind nicht fest, sondern sehr locker und sind gleich dem Schaum des Meeres, wenn er fester und gediegener wird, und sind kahl und ohne Wasser; und die Luft der Erde ist da wie das Wasser der Erden und die Luft gleich dem Äther zwischen Sonnen und Erden. Und sie sind bestimmt, die Weltsüchtigen aufzunehmen, und zu fassen die Geister der Materie, und zu prüfen ihre Beständigkeit und sie reif zu machen zum Empfang der Gnade.

Und das Feste der Erden ist der durch die Erbarmung gesänftete Zornteil der Gottheit und umschließt mit festen Banden der Verirrten Geister bis zur bestimmten Zeit ihrer unbewussten Entbindung, wo sie dann in eine zartere, aber doch immer für sie genug feste Materie, und zwar einzeln gebunden, gegeben werden, aus welcher sie erst dann durch die ewige Liebe wieder erweckt hervorgehen können; und die Meere und Gewässer sind ihrer voll, damit sie gedemütigt würden, und die Luft ist ihrer voll, damit sie geläutert würden. Und die ewige Liebe ist in allem die Form; aber der Zorn der Gottheit ist nur gedämpft auf der Erde, aber deswegen nicht aufgehoben.

Dieses aber merke dir ganz besonders: In der Mitte der Sonne ruht der Gnadenfunke und gibt durch das Zornfeuer der Gottheit das Licht der Welt. In der Mitte der Erde aber befindet sich ein Zornfunke des Grimms Gottes gleich einem Feuerdrachen und hält die bösen Rotten gefestet wie Steine, welche erst durch das Wasser der Erbarmung müssen erweicht werden, so einer wieder zu einer zweiten Probe für Freiheit und ewiges Leben soll entbunden werden. Und nun begreife das Geheimnis deines Wesens und staune über die große Liebe der ewigen Macht, wie oft Sie dich schon hat von neuem geboren werden lassen, um dich, der verloren war, fürs ewige Leben, für die Freiheit, fürs Gesetz, für die Liebe und fürs Licht und für die Anschauung Ihres Angesichtes wieder zu gewinnen; und siehe, dieses alles will Ich dir und dadurch auch vielen andern bekannt und zu erkennen geben, damit ihr doch endlich einmal einsehen möchtet, wie überaus gut die ewige Liebe sein muss, da Sie so unermüdet und so Vieles, so Großes und so Wunderbares für euch Ungehorsame tut und duldet!

Siehe, so ist die Bewegung den Erden gegeben worden um ihre Sonnen und um ihre Mitte durch den Anhauch der Erbarmung der Liebe, zum Zeichen, dass die Kinder all ihr Tun sollen einrichten nach der Bewegung der Erden um die Sonnen und der Monde um die Erden, und es sollen sein die Schwachen wie die Monde, und sollen sein die Starken wie die Erde, und sollen sein die Wiedergeborenen wie die Sonne. Und sollen schauen die Schwachen die Stärke der Liebe, die sie nie fallen lässt, wenn sie wie die Monde sich unverwandt nach dem Angesicht der Liebe richten und so dieselbe nach allen Seiten umkreisen in kleineren Kreisen, aber doch durch die Kraft derselben ebenfalls in den großen Kreis mitgezogen werden; und sollen sein die Starken gleich der Erde, selbsttätig sich wendend, um sich zum Empfang des Lichtes und der Wärme aus der Gnade der Liebe, welche erleuchtet und erwärmend belebt durch die Kraft, die in ihr ist, beständig bereitzuhalten, damit sie Früchte bringen möchten aller Art aus den Werken der Liebe, an welchen sich sättigen möchten die Schwachen und erquicken möchten die Eingeborenen und ergötzen möchten die Neugeborenen; und die Neugeborenen aus den Gewässern der erbarmenden Liebe, in denen die Gnade ist vollkommen, sollen sein gleich der Sonne, und ihr Licht soll leuchten allerorten, und ihre Wärme soll beleben die Schwachen und soll befruchten die Starken zur Nahrung der Schwachen, damit eine Gemeinschaft sei unter den Kindern eines und desselben Vaters.

Und siehe, noch tiefer sollst du blicken, wie und warum Ich alles so bereitet habe! Siehe, der Mond hat Flecken und viel dunkle Stellen, und die Erde hat kalte aber feste Pole, und hat hohe Berge und hat niedere Täler, und hat Quellen, Bäche, Flüsse, Ströme, Seen und kleine und große Meere; und die Sonne hat Flecken, große und kleine. Nun sieh, dieses alles sind Wirkungen der Liebe und der Gnade, oder der entsprechenden Wärme und des Lichtes, welches alles die ewige Liebe und die Macht der Gottheit durch Sie ist. Daher siehe die Schwachen und den Mond, wie sie sich gleichen, und dir wird sein Wesen aufgeschlossen; betrachte die Starken nach allem ihrem Tun, und vor deinen Augen wird die Erde enthüllt liegen; und von einem Pole bis zum andern Pole muss die starre Ruhe des Geistes in der Liebe zur Liebe da sein, damit sich alles, das den Geist umgibt, in einer steten Ordnung bewegen und dadurch für den gemeinsamen Zweck der ewigen Erhaltung tätig sein kann. Denn siehe, von der Ruhe hängt alles ab; ohne diese kann nichts erreicht werden, und wer nicht ist wie die Pole der Erde, der durchdringt nicht sein Innerstes, wie die Linie zwischen den Polen das Zentrum der Erde. Und eure Liebe muss kalt sein wie das Eis der Pole, damit ihr fähig seid, alle Wärme der göttlichen Liebe aufzunehmen. Denn siehe, was warm ist, ist nicht geschickt zur Aufnahme der Wärme; aber was kalt ist in seiner Ruhe, das ist fähig, die Wärme aufzunehmen in der Fülle und ausströmen zu lassen in alle Teile des Lebens. Denn siehe, wer die Wärme aufnimmt, welche die Liebe Gottes ist, behält sie in sich fest und lässt sie nicht weiter strömen, der ist ein Geiziger und wird aufgelöst in sich und wird sich zerstören wie das Eis am Feuer; wer aber sie empfängt wie die Pole und gibt sie sogleich wieder an alle, die um ihn sind nahe und ferne, bei dem ist die göttliche Liebe am rechten Platze und entspricht ganz dem Willen des großen und heiligen Gebers.

Diese Liebe wird viele Früchte bringen und wird sich aufschwingen zum Licht der Gnade und wird schauen unverwandten Blickes die unermesslichen Tiefen der Gottheit gleich den Polen, welche in die unendlichen Räume der Schöpfungen der Liebe Gottes hinaus blicken, und mit weit geöffneten Augen die sanften Strahlen aus der Unermesslichkeit aller unendlichen Räume, in welchen zahllos die Wesen der Erbarmung kreisen, jegliches nach seiner Art, in sich saugen und dadurch vor Entzückung und Wonne in ihrer Liebe zur Liebe und für die Liebe sich entzünden und gleich einer Sonne selbstleuchtend werden gleich dem Lichte der Pole der Erde.

Daher,

➔ wer beständig bleibt in der Mitte der Liebe der Erkenntnis, was die Gnade ist, dessen Lenden

> werden glühen vor Liebe aus Gott wie der Gürtel der Erde, und seine Augen werden leuchten vor Erkenntnis wie die Pole, und seine Arme werden sich bewegen wie die Flüsse, Bäche und Quellen, und die Handlungen werden zuströmen den Meeren der göttlichen Erbarmungen, die gesalzen sind mit der Gnade und mit den Erkenntnissen der ewigen Liebe und des ewigen Lebens.

Nun, da habt ihr den Schlüssel, um zu eröffnen und zu durchschauen die Erde, die euch trägt.

J.L., Die Haushaltung Gottes, Band 1, Kp. 5

Die gesamte Schöpfung ist Versöhnungswerk

Die Ewige Liebe des Vaters spricht weiter:

„Und siehe und höre und begreife und verstehe wohl, was da die ewige Liebe sprach und tat. – Als der gute, heilige Vater vollendet hatte die Rede großen Ernstes, verkündend Gnade für Recht und androhend das Gericht den Übertretern des Gesetzes der übergroßen Gnade und den Tod der Sünde gebend, da ward gerührt die ewige Liebe bis in die innerste Tiefe Ihres erbarmenden Herzens und weinte zum zweiten Male Tränen des Mitleids und Tränen der innigsten Freude und seligsten Wonne über die große, schonende Gnade des so überguten und überheiligen Vaters und sprach in der tiefsten Ergriffenheit Ihres ganzen Wesens zum Adam und zur Eva:

„Du, Adam, du hast jetzt gesehen die fürchterlichen Gerichte Gottes vor deinen Augen vorüberziehen, und die Eva sah und empfand sie durch dich; nun aber will

Ich auch ihr die Augen und die Ohren öffnen, und sie – wie auch alle, die aus ihr hervorgehen werden nach der Zahl der Sterne am Himmel und nach der Zahl des Grases auf der Erde und nach der Zahl des Sandes im Meere, welche unendlich ist, soll in aller Zukunft mit eigenen Augen sehen und mit offenen Ohren hören, was die Gottheit tat in Ihrem richtenden Grimm und was darauf *die ewige Liebe tat in Ihrer unbegrenzten Erbarmung*.

Und das Gesetz habe Ich dir in dein Herz gegraben, wie du es auch in das Herz der Eva graben sollst; und zum Zeichen, das euch und alle, die euch folgen werden, mahnen soll der Gerichte Gottes ob eurer Sünde, will Ich hie und da lassen Berge entstehen, die da brennen sollen abwechselnd bis ans Ende der Zeiten, und will euch hinterlassen den Blitz, der euch mahnen soll der einstigen Zerstörung, und den allezeit folgenden Donner, der euch allezeit stark verkünden soll den Namen des großen und starken Gottes, wenn ihr je Seiner vergessen solltet oder könntet.

Und die Tränen des Mitleides und die der großen Gnadenfreude aus dem heiligen Vater habe Ich hingestellt zum ewigen Zeichen als eine neue Schöpfung um den weiten Raum des Himmels, und sie sollen euch leuchten in jeder Nacht der Erde und sollen euch erquicken in der Dämmerung des Lebens und sollen euch verkünden den werdenden Tag.

Und nun seht empor zum Himmel; sie leuchten in mannigfaltiger Ordnung und in mannigfaltiger Pracht, die rötlichen Lichtes zum Zeichen Meines Mitleids, und die weißen Lichtes zum Zeichen der Freude ob der großen Gnade des überheiligen und überguten Vaters. Und derjenige weiß schimmernde breite Streif über den Sternen des Mitleids und der Freude, bestehend ebenfalls aus Sternen der Vorzeit durch die Träne der Sich damals schon der gefallenen Geister erbarmenden Liebe, welcher mitten durch des Himmels weiten Raum gezogen ist, diene euch zum Zeichen des ewigen, heiligen Bundes zwischen der ewigen Liebe, die euch und alles, was da ist, werden hieß, und zwischen der alles nach Ihrer ewigen Heiligkeit richtenden Gottheit.

Und nun siehe her, du Adam, und du auch, Eva, in Mein linkes Auge, das über Meinem Herzen eurem rechten Auge gegenüber mild und gnädig euch entgegen strahlt, – seht, noch eine Träne hängt an der

Wimper desselben, und seht, diese Träne ist größer denn alle, die schon aus diesen Augen für euch geflossen sind!

Da, wo das große Band am weiten Himmel geteilt erscheint, dorthin blickt gerne und seid allezeit dankbar und tief gerührt, sooft ihr dorthin blicken werdet; denn diese Stelle soll euch und auch der ganzen Schöpfung zum ewig bleibenden Zeichen eures Treuebruchs mit Mir und Meines damaligen Bruches mit der Heiligkeit Gottes aus Barmherzigkeit mit euch dienen, und das Band soll euch an der Stelle, wo es wieder wie angeknüpft erscheint, erinnern an die große Vermittlung der ewigen Liebe, die Ich bin von Ewigkeit her, zwischen der unantastbaren Heiligkeit Gottes und zwischen euch, die ihr treulos gesündigt habt vor dem Angesicht Seiner unbegrenzten Heiligkeit.

Und nun seht, dorther ist diese Träne, und dort ist der Ort ihrer Entstehung!

Und diese Träne wird euch und euren Nachkommen einst aufgehen als ein schöner Morgenstern, welcher erleuchten wird alle Völker der Erde, die euch in den Zeiten der Zeiten folgen werden in euren reuigen und trauernden Fußstapfen, und wird noch zuvor waschen die Erde vom stinkenden Schlamm der Sünde und wird reinigen eure Tränen und Zähren der Reue und der Trauer vom Unrat der Schlange.

Und nun seht noch einmal her: Diese Träne will Ich fallen lassen auf eine noch weiße Blume dieses Strauches zwischen den zwei schon befruchteten Blumen Evas, und aus ihr soll einst empor blühen ein reines Weib, die der Schlange den Kopf zertreten soll. Und die Schlange wird sie zwar auch in die Ferse beißen, aber das Gift wird ihr nicht schaden; und aus ihr wird hervorgehen, das vor euch jetzt ist, ein schöner Morgenstern allen Völkern der Erde, die eines guten Willens sind, und das ewige Gericht allen widerspenstigen Kindern der Schlange!

Und die Geister aus dem Schoß der Heiligkeit des Vaters werden zur Erde herabkommen körperlich und werden euren Kindern verkündigen die große Zeit und die Art der Ankunft Dessen, der jetzt vor euch steht, und den ihr jetzt noch hört und seht und fürderhin nicht mehr hören und sehen werdet bis zur versprochenen Ankunft nach der Verheißung des heiligen Vaters durch Mich als die ewige Liebe in Ihm.

Und nun habt ihr alles vernommen, was euch zu

wissen nötig ist zum Empfang Meines Segens!

Und so seid denn gesegnet von der Hand der Macht und von der Hand der Kraft der ewigen Liebe des heiligen Vaters und der Kraft des Geistes, die heilig ist aus Uns beiden, und befruchtet und mehret euch und erfüllt die Erde mit der lebendigen Frucht dieses Segens!

Und allezeit, sooft ihr euch nahen werdet dieses Segens wegen, so opfert Mir zuvor eure Herzen! So ihr dieses unterlassen werdet, so wird die Schlange, die noch lebt und auch leben wird ewiglich im Grimm der Gottheit, die Frucht in euch verderben, und du, Eva, und alle deines Geschlechtes werden statt einer Frucht des Segens eine Frucht des Verderbens zur Welt bringen. Und diese werden zugrunde richten die Kinder des Segens und Lichtes in großer Anzahl, und ihres Tobens und Wütens wird kein Ende sein; und so werdet ihr die Sünde als Erbe an alle übergehen lassen, und eure Schuld wird sichtbar werden bis zur großen Zeit der Zeiten und auch nach derselben.

Und dieses Meines Gnadensegens Opfer eurer Herzen sei euch gegeben als ein heiliger Dienst, den zu verrichten ihr Mir allezeit schuldig seid, sooft ihr euch nähert dieses Meines Segens willen. Dieses neue und leichte Gebot, das ihr soeben empfangen habt aus Meinem Munde, sei die erste Kirche, die Ich gründe vor euch zu Meinem Gedächtnis, und erinnere euch an die Taten der erbarmenden Liebe dankbar und führe euch zur heiligen Furcht Gottes zurück!

Einen sündenlosen Geist als Boten will Ich euch senden von oben mit einem Flammenschwert in der Hand, damit er euch führe und zeige die ganze Erde von einem Ende derselben bis zum andern; und er wird euch erleuchten die Irrsale der Welt und euch aber auch züchtigen, so ihr abweichen werdet von Meinen Wegen.

Dieses alles sagt die ewige Liebe zu euch im Namen des heiligen Vaters, amen."

J.L., Die Haushaltung Gottes, Band 1, Kp. 10

Die sogenannte All-Versöhnung oder: Apokatastasis. Was ist die Versöhnung und wer erlangt Erlösung?

Hanno Herbst

Viele Christen verstehen die Versöhnung so, dass man allein durch den Glauben an Christus und die Annahme Seines Opfers am Kreuz mit Gott versöhnt werde, und dass solches natürlich eine bewusste Entscheidung voraussetze. Wäre aber jeder durch Jesu Opfertod mit Gott versöhnt, so wäre Christus umsonst am Kreuz gestorben, argumentieren sie. Eine "automatische" Versöhnung, eine sogenannte "All-Versöhnung" könne es daher nicht geben, und wer im Erdenleben nicht zum Glauben an Jesus Christus gelangt, der wird auf ewig von der Gottheit in die Hölle verdammt werden!

Vielen Menschen macht eine solche Irrlehre natürlich Angst, denn von einer Liebe Gottes schaut da nichts mehr heraus, und wovor man Angst haben muss, das kann man folglich nicht lieben. Auch wird das Motiv des Christseins völlig umgangen, denn Jesus anzuerkennen bloß um eines vermeinten Errettungs-Lohnes, nicht aber um des Guten und Wahren selbst willen und aus brennendem Verlangen nach Gott, führt die ganze Liebelehre Jesu ad absurdum. Heißt es doch: "Liebe Gott über alles und Deinen Nächsten wie dich selbst!"

Es handelt sich bei der Errettung also weder um einen bloßen Willkür-Akt eines launischen Herrscher-Gottes, noch um eine egoistische Vorteilsnahme Seines unterdrückten Geschöpfes, sondern vielmehr um die Umgestaltung des Menschen zur wahren göttlichen Liebe.

Es ist da nicht verwunderlich, dass gerade solche Menschen die Versöhnung Gottes falsch verstehen wollen, denen es noch mehr an der aufopfernden und dienenden Liebe mangelt, und die nicht wirklich der Geringste und jedermanns Diener sein möchten. Dazu kann man sich einmal das Gleichnis von den zehn Jungfrauen anschauen im 25. Kapitel des Matthäus-Evangeliums:

> 11 Danach kommen auch die übrigen Jungfrauen
> und sagen: Herr, Herr, tue uns auf! 12 Er aber
> antwortete und sprach: Wahrlich, ich sage euch:
> Ich kenne euch nicht!

Es kann also durchaus sein, dass solche, die da glauben, dass Jesus der Christus ist, den Vers zwölf in Matthäus 25 zu hören bekommen. Schließlich ist sogar selbst der Satan gläubig, und er müsste sonach - genügte der Glaube an Jesus allein - ebenso gerettet sein, wie Alle. Doch da sagt uns die Bibel, dass ein Glaube ohne Werke (der Liebe) keinen Wert hat.

Im 2. Kapitel des Jakobus lesen wir:

> 14 Was hilft es, meine Brüder, wenn jemand
> sagt, er habe Glauben, und hat doch keine
> Werke, kann ihn denn dieser Glaube retten? 15
> Wenn nun ein Bruder oder eine Schwester ohne
> Kleidung ist und es ihnen an der täglichen Nah-
> rung fehlt, 16 und jemand von euch würde zu
> ihnen sagen: Geht hin in Frieden, wärmt und sät-
> tigt euch!, aber ihr würdet ihnen nicht geben,
> was zur Befriedigung ihrer leiblichen Bedürf-
> nisse erforderlich ist, was würde das helfen? 17
> So ist es auch mit dem Glauben: Wenn er keine
> Werke hat, so ist er an und für sich tot. 18 Da
> wird dann einer sagen: »Du hast Glauben, und

> ich habe Werke. Beweise mir doch deinen Glau-
> ben aus deinen Werken, und ich werde dir aus
> meinen Werken meinen Glauben beweisen!« 19
> Du glaubst, dass es nur einen Gott gibt? Du tust
> wohl daran! Auch die Dämonen glauben es —
> und zittern! 20 Willst du aber erkennen, du
> nichtiger Mensch, dass der Glaube ohne die
> Werke tot ist? 21 Wurde nicht Abraham, unser
> Vater, durch Werke gerechtfertigt, als er seinen
> Sohn Isaak auf dem Altar darbrachte? 22 Siehst
> du, dass der Glaube zusammen mit seinen Wer-
> ken wirksam war, und dass der Glaube durch die
> Werke vollkommen wurde? 23 Und so erfüllte
> sich die Schrift, die spricht: »Abraham aber
> glaubte Gott, und das wurde ihm als Gerechtig-
> keit angerechnet«, und er wurde ein Freund Got-
> tes genannt. 24 So seht ihr nun, dass der Mensch
> durch Werke gerechtfertigt wird und nicht durch
> den Glauben allein. 25 Ist nicht ebenso auch die
> Hure Rahab durch Werke gerechtfertigt worden,
> da sie die Boten aufnahm und auf einem anderen
> Weg entließ? 26 Denn gleichwie der Leib ohne
> Geist tot ist, also ist auch der Glaube ohne die
> Werke tot.

Das Bedeutet also im Klartext: Gott muss Sich Selbst im Menschen erkennen durch die Werke der Liebe! Es ist sonach nicht von Bedeutung ob, wie, wie oft und vor wem man seinen Glauben an Christus durch Worte bekennt, sondern wie viele Hungrige man speist und wie viele Nackte man bekleidet, materiell oder geistig, mit Brot und Obdach oder mit Liebe und Wahrheit. Aber nur wenn solches aus reiner Liebe geschieht und die "linke Hand nicht weiß, was die Rechte tut" (Mt.6) ist es ein Glaubenswerk der Liebe, weil da Güte, Mitgefühl und Erbarmung die Motive des Handelns sind, nicht aber etwa eine wie auch immer geartete Form von Profilierung, Vorteilsnahme oder Gesetzlichkeit.

Die Liebe fordert keinen anderen Lohn als nur den, Gott immer mehr lieben zu dürfen. Solches ist das Sich-Erkennen der Gottheit im Menschen.

Jeder frage sich daher selbst woran sein Herz noch hängt und wie viele Götter des Wohllebens, der Genuss-Sucht und des Standesdünkels man neben Gott noch anbetet.

> (2. Mose 34): 14 Denn du sollst keinen anderen Gott anbeten. Denn der Herr, dessen Name »Der Eifersüchtige« ist, ist ein eifersüchtiger Gott. 15 Dass du nicht etwa einen Bund schließt mit den Einwohnern des Landes, und sie, wenn sie ihren Göttern nach huren und ihren Göttern opfern, dich einladen und du dann von ihrem Opfer isst,

16 und deinen Söhnen ihre Töchter zu Frauen
nimmst und ihre Töchter dann ihren Göttern
nach huren und deine Söhne verführen, dass sie
auch ihren Göttern nach huren.
17 Du sollst dir
keine gegossenen Götter machen! (Sich nicht im
Materiellen gründen)

Es gibt viele, viele Menschen, die nicht an Gott glauben, aber in welchen sich die Gottheit erkennt, weil diese Liebe haben. Umgekehrt gibt es viele, viele Menschen, die an Gott glauben, aber in welchen sich die Gottheit nicht erkennt, weil sie keine Liebe haben. Welche werden wohl einem liebenden Vater die angenehmeren Kinder sein? Auch davon handeln einige Gleichnisse der Bibel, z.B. in Matthäus 21 und 25 oder in Lukas 19.

Vor allem aber betonen die Neuoffenbarungsschriften, dass Gott, als die allervollkommenste Liebe und als ein endlos barmherziger Vater aller Menschen, Geister und Engel, nicht des Sünders Tod und ewige Verdammnis, sondern dessen geistige Vollendung und ewiges, seliges Leben will.

Es kann daher weder im Diesseits noch im Jenseits von einem Strafgericht Gottes die Rede sein, in dem die einen, welche im kurzen Erdenleben gläubig waren, ein für alle mal zum ewigen Leben gelangen und aller himmlischer Güter teilhaftig werden, die Ungläubigen dagegen für alle Ewigkeit in eine nie endende entsetzlichste Pein verdammt werden. Was müsste denn das für ein grauenhafter Rache- und Strafgott sein, Der mit den von Ihm Selbst geschaffenen, schwachen und noch unvollkommenen Wesen derartig verführe? - Er, Der dem Menschen Selbst das Gebot gegeben hat, seine Feinde zu lieben, zu segnen, die ihm fluchen (Mt.5,44) und den Schuldigern "siebzigmal siebenmal" zu vergeben! (Mt.18,22). Nein, dies ist nicht der Sinn und Geist unseres himmlischen Vaters, Der vielmehr durch Belehrung und väterliche Führung jeden Menschen zum ewigen Leben in und aus Gott leiten und zum wahren Gotteskind heranbilden möchte!

Zu allen Menschen, ohne Unterschied, hat Jesus die in Ewigkeit geltenden Worte gesprochen: "Ihr sollt vollkommen werden, wie euer himmlischer Vater vollkommen ist!" und: "So ihr den Menschen ihre Fehler vergebt, wird euch euer himmlischer Vater auch vergeben." - und im „Großen Evangelium Johannes“ (GEJ, Bd 6, Kap. 243) lesen wir:

09] O ihr Narren! Gibt es wohl einen Vater von nur einiger Liebe zu seinen Kindern, der ein Kind, das gegen sein Gebot einen Fehler beging, auf lebenslänglich in einen Kerker werfen ließe und es dazu noch züchtigen lassen möchte alle Tage, solange es lebte?! Wenn aber das ein menschlicher Vater nicht tun wird, der im Grunde als Mensch doch schlecht ist, um wieviel weniger wird dass der Vater im Himmel tun, der die ewige und purste Liebe und Güte Selbst ist!

10] Oder denke dir nur auf der Erde einen wahrhaft weisen und sehr verstandesvollen Menschen! Wird der je eine ewig währende Bestrafung an einem Sünder billigen können, oder wird er jemandem eine solche Strafe zuerkennen? Sicher nicht, - und der höchstweise Gott um so weniger

11] Ich sage euch aber, dass in der Folge unter Meinen wahren Nachfolgern gar keine auch nur zeitlichen Strafen bestehen sollen.

Wenden wir uns nun den großen Fragen zu der Erlösung und Versöhnung zu:

Warum sagt Paulus in Röm.5:

> 10 Denn wenn wir mit Gott versöhnt worden sind durch den Tod seines Sohnes, als wir noch Feinde waren, um wie viel mehr werden wir selig werden durch sein Leben, nachdem wir nun versöhnt sind. 11 Nicht allein aber das, sondern wir rühmen uns auch Gottes durch unsern Herrn Jesus Christus, durch den wir jetzt die Versöhnung empfangen haben.

Laut dieser Aussage wurden wir durch den Opfertod Jesu schon mit Gott versöhnt, als wir noch "Feinde" waren, also noch bevor wir uns überhaupt zu Gott bekannten, geschweige denn zum Blute Jesu Christi. Dann hat die "Versöhnung Gottes durch Christus" also nicht eine bloß individuell geschöpfliche, sondern auch eine ganz bedeutende, zentrale, universelle und grundsätzliche Bedeutung für die gesamte Schöpfung!

Was bedeutet die "Versöhnung" denn genau? Wer

soll da mit wem versöhnt werden, warum und wodurch? Muss sich das Geschöpf mit dem Schöpfer versöhnen, weil das Geschöpf ungehorsam gegen Diesen war und der Schöpfer nun etwa beleidigt ist? Oder musste der Vater erst Seinen Sohn durch die eigenen Geschöpfe am Kreuz ermorden lassen, um durch dieses Opfer Jesu versöhnt zu sein? Oder musste sich die Gottheit nicht vielleicht in Sich selbst "versöhnen", das heißt, der Gerechtigkeitsanforderung Ihrer 7 Grundeigenschaften nach, welche sind: Liebe, Weisheit, Wille, Ordnung, Geduld, Ernst, Barmherzigkeit, und Ihre Liebe und Barmherzigkeit den anderen Eigenschaften überordnen, weil Gottes Weisheit und Sein Ernst ein „Zorn- und Eiferfeuer" Seines Willens sind, vor dem nichts unheiliges je bestehen könnte?... Wenn aber so, dann ist die Versöhnung schon vor Gottes Menschwerdung in Jesus Christus geschehen, nämlich mit dem Beginn der Rettung des Erstlings und der mit ihm gefallenen Geister.

Hören wir dazu den Herrn einmal Selbst:

"Ihr sollt den Namen Jesus in seiner Bedeutung kennen lernen, da besonders viel daran liegt, dass ihr Mich nicht allein als liebenden Vater und Schöpfer

Himmels und der Erde erkennt, sondern Denselben auch im Namen Jesu; denn nur durch Dessen Zugang habt ihr den Vater erlangt; nicht aber wie der verkehrte Glauben es lehrt, als ob der Vater erst versöhnt worden wäre durch Meine Erniedrigung und Meinen Kreuzestod, sondern Meine Liebe war es zuvor schon, welche Mich zu diesem Akte veranlasste, um euch kund zu geben, dass in eurem Schöpfer ein Vaterherz für euch schlägt, und so musste Ich auf diesem Wege euch begegnen; aber auch zulassen, dass man falsche Begriffe von Meiner Versöhnung annahm, als ob Ich ein Gott des Zornes wäre, und erst durch grausame Strafe, welche an Meinem Leibe verübt worden, versöhnt werden müsste. Ich musste Mich nach der durch die Sünde so weit gesunkenen Aufnahmefähigkeit der Menschen richten, und auch in dieser Hinsicht, wie eben alles nach Meiner Ordnung den Entwicklungsgang zu gehen hat, diese Irrbegriffe so lange dulden, bis es jetzt an der Zeit ist, Mich in Meiner ganzen Liebe, und Meinen ganzen Heilsplan zu erkennen.

Durch die Worte über Meinen Erdenwandel (Besonders im "Großen Evangelium Johannes") könnt ihr immer mehr Aufschluss erhalten, worin die wahre Versöhnung zwischen Mir und euch besteht, d.h. im kindlichen Vertrauen, dass, wenn ihr Mir folgen wollt, Ich euch durch Meine Kraft unterstützen werde, aus der Liebe, die alles für euch getan, ihr Blut vergossen, ihr Leben gelassen, um durch den Vater (die Göttlichkeit in Mir) auch euren göttlichen Funken, oder euer eigentliches Ich oder ewig Sein (woraus ihr als Menschen besteht), tüchtig zu machen, eure Seele und Leib zu durchdringen, damit sie zur Auferstehung in das himmlische Reich, als Kinder Gottes fähig werden; denn erst durch Mein Erscheinen ist den Menschen ihr ganzes Wesen mehr aufgedeckt worden, dass sie aus Geist, Seele und Leib bestehen, und darum die Aufgabe haben, sich mit Dem zu vereinen, nach Dessen Ebenbild sie geschaffen sind, Der ihnen durch Sein Beispiel den Weg gezeigt hat, welcher dahin führt; nämlich gehorsam sein bis auf den höchsten Grad, wie auch Ich - als Jesus dem Vater folgte, und den Weg der Verleugnung Selbst auf Mich nahm, durch Spott und Hohn bis zum Kreuzestod.

Wenn ihr so, als Meine Kinder, den Vater in Jesu ehrt und Seine Erlösung euch aneignet, da wird euch der wahre Segen werden; aber nicht, wenn ihr euch durch Mein Blut ohne eure Bemühungen rein waschen lassen und warten wollt, bis euch die Liebe des Vaters zugeteilt wird durch Vermittlung; Meine Vermittlung ist die Lehre, welche bloß durch das Befolgen ihre Kraft beweisen wird.

Darum seid Täter des Wortes! und ihr werdet euch nicht selbst betrügen, sondern das Kindesrecht euch erwerben, durch euren Gehorsam und kindliches Vertrauen zu Mir. Amen!"

(Aus: Johanne Ladner, Vaterbriefe, Band 2, Kap. 45)

Um also die Versöhnung richtig verstehen zu können, müssen wir unbedingt wissen, was die Erlösung ist und worin diese besteht. Dazu ist die Selbst- und Gotteserkenntnis vonnöten, die uns der Heilige Geist durch Offenbarung von Innen, wie auch von Außen her schenkt. Aber der heutigen Christenheit mangelt es an Erkenntnis und sie verwirft die große Gnade der neuen Offenbarungen Gottes heutiger Zeit, welche da ist die Wiederkunft Christi im Wort der Wahrheit (Die "Wolken des Himmels"... die Offenbarung Gottes im Wort! Verheißen für Jesu jetzige

Wiederkunft in Mt.26,64, wie einst für Gottes Menschwerdung in Jesus in Dan.7,13) und es verhält sich heute genau so, wie es Hosea schreibt in 4,6: "Mein Volk geht zugrunde aus Mangel an Erkenntnis!"

> 1 Hört das Wort des Herrn, ihr Kinder Israels!
> Denn der Herr hat einen Rechtsstreit mit den
> Bewohnern des Landes, weil es keine Wahrheit,
> keine Liebe und keine Gotteserkenntnis im Land
> gibt. 2 Fluchen und Lügen, Morden, Stehlen und
> Ehebrechen hat überhand genommen, und Blut-
> schuld reiht sich an Blutschuld. 3 Darum trauert
> das Land, und alle müssen verschmachten, die
> darin wohnen; die Tiere des Feldes und die
> Vögel des Himmels; und auch die Fische im
> Meer werden dahingerafft. 4 Doch niemand soll
> rechten, und keiner soll tadeln; denn dein Volk
> ist wie die, welche mit dem Priester rechten! 5
> Und so wirst du bei Tag straucheln, und auch der
> Prophet wird mit dir straucheln bei Nacht, und
> ich will deine Mutter vertilgen. 6 Mein Volk geht
> zugrunde aus Mangel an Erkenntnis; denn du
> hast die Erkenntnis verworfen, darum will ich
> auch dich verwerfen, dass du nicht mehr mein
> Priester seist; und weil du das Gesetz deines
> Gottes vergessen hast, will auch ich deine Kin-
> der vergessen! 7 Je mehr sie wurden, desto mehr
> sündigten sie gegen mich; darum will ich ihre
> Ehre in Schande verwandeln. 8 Von der Sünde

meines Volkes nähren sie sich und sind gierig nach ihren Missetaten. 9 Aber es soll dem Volk ergehen wie dem Priester; ich werde ihren Wandel an ihnen heimsuchen und ihnen ihre Taten vergelten. 10 Sie werden essen und nicht satt werden, Hurerei treiben und sich nicht vermehren; denn sie haben davon abgelassen, auf den Herrn zu achten. 11 Hurerei, Wein und Most rauben den Verstand. 12 Mein Volk befragt sein Holz, und sein Stab wahrsagt ihm; denn der Geist der Hurerei hat sie verführt, dass sie ihrem Gott durch Hurerei untreu geworden sind. 13 Sie opfern auf den Berghöhen und räuchern auf den Hügeln, unter Eichen, Pappeln und Terebinthen; denn ihr Schatten ist angenehm. Darum treiben eure Töchter Hurerei und brechen eure Schwiegertöchter die Ehe. 14 Ich werde es an euren Töchtern nicht heimsuchen, dass sie Hurerei treiben, noch an euren Schwiegertöchtern, dass sie die Ehe brechen; denn sie selbst gehen mit Huren abseits und opfern mit den Tempeldirnen, und das unverständige Volk stürzt sich selbst ins Verderben. 15 Wenn du, Israel, Hurerei treibst, so soll sich doch Juda nicht versündigen Geht doch nicht nach Gilgal, zieht nicht nach Beth-Awen hinauf und schwört nicht: »So wahr der Herr lebt!« 16 Denn Israel ist widerspenstig geworden wie eine störrische Kuh; nun wird sie der Herr weiden wie ein Lamm in weiter Landschaft. 17 Ephraim ist an die Götzen gebunden;

> lass ihn in Ruhe! 18 Ihr Saufgelage ist ausgeartet, sie haben sich der Hurerei hingegeben; ihre Beschützer haben die Schande geliebt. 19 Der Wind hat sie mit seinen Flügeln erfasst, und sie werden zuschanden mit ihren Opfern.

Wie sehr beschreiben gerade diese prophetischen Worte den Zustand des heutigen Wohlstand-Christentums, da man die Erkenntnis verwirft und nichts mehr vom Leben weiß, weil man viel zu sehr mit der Sorge um das leibliche Wohl beschäftigt ist! Ja, man geht heute sogar so weit, den Wohlstand mit einer besonderen Zuwendung Gottes zu begründen, denn als "Königskind" hätte man schließlich ein Anrecht auf alle Annehmlichkeiten des Lebens…!!! Wem es dreckig geht auf der Welt, der "glaube halt nicht genug!“ so lehren sie heute vielfach. Aber was sagt uns der Herr Selbst über unsere Nachfolge in Lukas 9:

> 23 Er sprach aber zu allen: Wenn jemand mir nachkommen will, so verleugne er sich selbst und nehme sein Kreuz auf sich täglich und folge mir nach. 24 Denn wer sein Leben retten will, der wird es verlieren; wer aber sein Leben verliert um meinetwillen, der wird es retten. 25 Denn was hilft es einem Menschen, so er die ganze Welt gewinnt aber dabei Schaden leidet

an seiner Seele?

Es geht nicht um Welt- oder Wohlleben hier auf Erden, sondern um die Erreichung der Gotteskindschaft.

Dazu müssen wir immer mehr den äußeren Schein entbehren lernen, um immer mehr die wahren und bleibenden Lebensschätze in uns zu finden, wie: Geborgenheit und Liebe, Wahrheit und Erkenntnis, Frieden und Vertrauen, Hoffnung und Zuversicht, sowie das allerklarste Bewusstsein des ewigen Lebens und der steten Gegenwart und Ansprache Jesu in uns.

Alles Äußere zieht uns nur ins äußere Scheinleben, und wer sich darin gründet und sein leibliches Wohlergehen nur sieht (Lk. 9,24), der hat seinen Lebensgrund der Vergänglichkeit alles Materiellen übergeben und seine Seele fühlt in sich den Tod. Gott ist uns nirgends ferner als in der Außenwelt und außerhalb unseres Körpers, da der Geist das Inwendigste ist in allem. Die Seele muss entrückt werden: Fort vom äußeren Scheinleben der Materie, und hin zum wahren und ewigen Leben des Geistes Gottes in uns, der die Liebe ist in Seiner zentralen Eigenschaft! Das ist die wahre Bedeutung der Entrückung, die der Fürst der Welt durch äußere Lockungen, Annehmlichkeiten und falsche Auslegung der Bibel zu verhindern sucht!

Gott möchte Seinen Kindern die Fülle schenken. Die Fülle der Erkenntnis und inneren Lebensvollendung, und unser allergrößter Lohn besteht dann darin, Gott in Jesus immer mehr nur lieben zu können!

Satan ist der Herr des Trug- und Scheinlebens dieser Erde. Er möchte uns diese seine „Fülle“ geben, um uns davon abzuhalten, durch die Entbehrung und die Selbstverleugnung unserer Habsucht und dem Hang zum Wohlleben, Gottes Fülle in uns zu überkommen, welche der Empfang des Heiligen Geistes ist, Der uns in alle Wahrheit führt!

Lesen wir in Matthäus 25:

> 11 Danach kommen auch die übrigen Jungfrauen (Anmerkung: die mit der Welt- und Eigenliebe, bei denen sich der Sinn also überwiegend um die Ausstattung mit irdischen Gütern und um den Empfang irgendeines eines himmlischen Lohnes oder Gewinnes dreht) und sagen: Herr, Herr, tue uns auf! 12 Er aber antwortete und sprach: Wahrlich, ich sage euch: Ich kenne euch nicht!

Ebenso auch in Matthäus 7:

> 21 Nicht jeder, der zu mir sagt: Herr, Herr! wird in das Reich der Himmel eingehen, sondern wer den Willen meines Vaters im Himmel tut (Anmerkung: Der "Vater" bedeutet die Liebe Gottes. So meint Jesus mit Dessen "Willen" die Liebetat). 22 Viele werden an jenem Tag zu mir sagen: Herr, Herr, haben wir nicht in deinem Namen geweissagt und in deinem Namen Dämonen ausgetrieben und in deinem Namen viele Wundertaten vollbracht? 23 Und dann werde ich ihnen bezeugen: Ich habe euch nie gekannt; weicht von mir, ihr Gesetzlosen!" (Anmerkung: Lieblosen!)

Warum sind solche Unbekannte vor dem Herrn?:

Der Schöpfer erkennt Sich Selbst, Seine göttliche, aufopfernde und dienende Liebe nicht im Herzen derer! Denn jene haben nicht aus selbstloser, dienender Liebe heraus gehandelt, sondern aus Selbstsucht, Standesdünkel, Überhebung, Hochmut, Rache- und Zorngedanken, was alles Eigenschaften der Hölle und des Antichristen sind!

Die Selbsterkenntnis geht der Gotteserkenntnis voran. Wir müssen uns selbst wieder erkennen lernen und wissen, dass wir Seelen sind, die einen Körper beleben, aber wir sind nicht der Körper! Wir sind

Geistwesen in einem materiellen Leib, und wir leben nicht durch den Leib, sondern dieser lebt allein durch die lebendige Seele. Und da wir keinen Leib zum existieren benötigen, gibt es auch keinen Tod im Sinne einer Auslöschung, sondern nur das Ablegen einer Körpermaschine, eines Avatars, ein Verlassen von Raum- und Zeit. Unser körperlicher Verstand kann nur in diesen Raum- und Zeitbegriffen denken und handeln. Daher findet man im Verstandesglauben niemals die Antworten auf geistige Fragen, welche nur jenseits von Raum- und Zeitbegriffen zu finden sind.

Gott ist ein Geist, und wir, als Seine Ebenbilder sind es auch, nur sind wir in die Materie eingekerkert. Und warum wir das sind, und was die Materie ist, und warum Gott als ein ewiger, grenzenloser und freiester Geist eine Schöpfung aus vergänglicher, begrenzter und starrer Materie geschaffen hat, das müssen wir eben an Erkenntnis gewinnen, um so die Erlösung und die Versöhnung verstehen zu können. Erst wenn wir begriffen haben, dass der Geist das Reale, Wahre, Wirkliche ist, und dass jeder von uns schon jetzt auch in der geistigen Welt lebt in sich selbst, in seinem inneren Fühlen und Wollen, im Traum- und Fantasieleben, können wir einsehen, dass eine Entscheidung für Jesus auch noch nach dem Ablegen des Körpers möglich ist!

Die Lehre, eine Errettung sei nur im Erdenleben möglich, ist eine weitere Irrlehre, die durch die Bibel nirgendwo begründet ist! Solches wird nur behauptet von Menschen, die den Heiligen Geist nicht haben, der als die Wirkung aus Gottes Liebe und Weisheit allein dem Menschen Erkenntnis zu geben vermag. Es sind mehr lieblosere Menschen, die so etwas sagen, und an ihren Früchten der Liebe wird man solche auch leicht erkennen.

Liebe, wie auch die mit ihr einhergehende Weisheit, sind da der Maßstab: Die aufopfernde, selbstlose und dienende Liebe! Diese Liebe ist das Blut Jesu Christi, und diese Liebe zu leben bedeutet das Trinken Seines Blutes im Geist und in der Wahrheit, und auch das Sich-Bekennen zu Ihm und das Sich-Stellen unter Sein Kreuz. Warum soll es nicht auch ohne einen Materieleib möglich sein, Jesu Wort zu vernehmen (das Brot des Lebens zu essen) und nach der ewigen Wahrheit getreu die Liebe zu leben (den Liebetat-Wein zu trinken)? Wissen wir doch, dass die Seele keines

Leibes bedarf um zu existieren. Muss dann mit "Tod" nicht etwas ganz anderes gemeint sein als ein gestorbener Körper?

> 1.Tes.4: Die Toten in Christus werden zuerst auferstehen!

> Joh.5.25: Wahrlich, wahrlich, ich sage euch: Die Stunde kommt und ist schon da, wo die Toten die Stimme des Sohnes Gottes hören werden, und die sie hören, werden leben.

Diese Verse aus der Bibel bezeugen, dass unter „Tod“ kein leiblicher Tod gemeint ist, und dass es im Jenseits sehr wohl weitere Bekehrungsversuche gibt, und dass den noch von Gott abgewandten Seelen das Evangelium gepredigt wird. Es ist der geistige Tod gemeint: Man ist also tot und dennoch existiert man, denn als Tod ist eine Seele zu bezeichnen, die sich selbst freiwillig von der Lebensader Gottes abgetrennt hat. Tod bedeutet, nicht der Kräftigung und Vollendung in Gott durch die Liebetätigkeit, sondern der Schwächung und Zerstreuung ohne Gott, durch Eigenliebe, Hochmut oder Gleichgültigkeit (Lauheit) zuzustreben. Dieser Tod ist die "Ewige Verdammnis", sie ist das von Gott abgewandte Sein und Streben!

In „Die Haushaltung Gottes“, Band 1, Kapitel 5 lesen wir: "Daher, wer beständig bleibt in der Mitte der Liebe der Erkenntnis, was die Gnade ist, dessen Lenden werden glühen vor Liebe aus Gott wie der Gürtel der Erde, und seine Augen werden leuchten vor Erkenntnis wie die Pole, und seine Arme werden sich bewegen wie die Flüsse, Bäche und Quellen, und die Handlungen werden zuströmen den Meeren der göttlichen Erbarmungen, die gesalzen sind mit der Gnade und mit den Erkenntnissen der ewigen Liebe und des ewigen Lebens."

Es ist da auch nirgends die Rede von einer ewigen Verdammung der Geschöpfe eines Gottes, Der doch die ewige Liebe Selbst ist! Die Verdammnis ist die Folge der freiwilligen Abkehr des Menschen von Gott mit allen bitteren Folgen der Gottesferne, respektive der Wider-Ordnung. Kehrt der Mensch aber durch den Glauben an Christus und der Tat nach Seinem Wort zu Gott zurück, so wird die erbarmende Liebe Gottes dem reuigen Kind den Rückweg nicht verwehren. Siehe Bibel:

Römer 11,23: Jene aber, sofern sie nicht im

Unglauben bleiben, werden eingepfropft werden; denn Gott kann sie wieder einpfropfen.

Hiob 33,23: So dann ein Engel für ihn als Mittler eintritt, einer aus tausend, zu verkündigen dem Menschen, wie er solle recht tun, so wird Er, Gott, ihm gnädig sein und sagen: Erlöse ihn, dass er nicht hinunterfahre ins Verderben; denn Ich habe eine Versöhnung gefunden.

Der Herr in „Die Haushaltung Gottes", einem der 5 Hauptwerke Seiner Neuoffenbarung: "Gott ist in Sich Selbst die ewige und allerreinste Liebe Selbst. Aus dieser unendlichen Liebe bist du Mensch hervorgegangen; also ein Werk der Liebe bist du. Daher sollst du auch Gott, deinen Schöpfer, der dich ganz und gar aus Seiner Liebe gebildet hat mit aller deiner Liebe ergreifen und Ihn lieben über alles! Tust du solches, so ergreifst du das ewige, unvergängliche Leben und lebst ewig in selbem. Tust du es nicht, da trennst du dich vom Leben, und das Los deiner Trennung ist der ewige Tod!"

Der Herr weiter: "Mein Jesusblut bringt jedem reuigen Sünder Versöhnung, Reinigung und den Sieg über Sünde und Satan" (HHG 6,242).

Auch hier wird keine Bedingung an Zeit und Raum geknüpft, so, wie es Heidenchristen immer wieder behaupten, dass eine Entscheidung für Jesus nur im Erdenleben erfolgen könne. Sie werden keine einzige Bibelstelle aufzuzeigen im Stande sein, die solches zweifelsfrei belegt. Siehe Joh.5.25 und auch:

> Jona 3,10 Und Gott sah ihre Taten, dass sie umkehrten von ihren bösen Wegen, und ihn reute das Übel, das er ihnen angedroht hatte, und er tat es nicht!

> Jona 4, 1 Das aber missfiel Jona sehr, und er wurde zornig. 2 Denn ich wusste, dass Du ein gnädiger und barmherziger Gott bist, langmütig und von großer Gnade, und das Unheil reut dich! 4 Da sprach der Herr: Ist es recht, dass du so zornig bist? 6 Da entsandte Gott, der Herr, eine Rizinusstaude, die wuchs über Jona empor, um seinem Haupt Schatten zu spenden und ihn von seiner üblen Laune zu befreien

Wir unbarmherzigen Menschen sind es, die Gott Unbarmherzigkeit zusprechen. (Jona 4, 1 "Das aber missfiel Jona sehr, und er wurde zornig."). Ja, Gottes Erbarmung für alles Gefallene passt vielen nicht in ihren gotteskindschaftlichen Hoheitsdünkel hinein, und so wollen Sie es nicht gelten lassen und uns ein anderes Haus Gottes vorstellen. Doch da spricht der Herr in Jesaja 66:

> 1 Was ist's denn für ein Haus, das ihr Mir bauen
> wollt? 2 Meine Hand hat alles gemacht!

Und durch Johanne Ladner spricht der Herr: "Immer wieder dürfen sie vertrauensvoll zurückkehren, um an Meine Liebe zu appellieren, auch wenn sie wider Meinen Willen zu weit sich entfernt haben, Ich weise keines zurück, und reiche jedem die Hand der Versöhnung.

(Aus: Vaterbriefe, Band 1, 21.)

"Der Schöpferwille bleibt über allem Kindeswillen hoch erhaben. Außerhalb der Gottheitsgrenze gibt es nichts! Mein Wille ist zum Segen und zur Freude jedes Kindes diese Grenze. Der Raum ist groß, die Zeit ist ausgedehnt."

(Jesaja 40, 22; Psalmen 104, 2)

Der Hirte sucht das Verlorene, ihm gilt das

Erlösungswerk uneingeschränkt. So schnell, wie da manche Menschen meinen, gibt Gott nicht auf. Aber solche, die Heidenchristen, die den Vater nicht kennen, Seine Liebe beschneiden und einen Richtergott lehren, erhalten eine eindringliche Mahnung vor Überheblichkeit durch Paulus in Römer 11:

> 15 Denn wenn ihre Verwerfung die Versöhnung
> der Welt ist, was wird ihre Annahme anderes
> sein als Leben aus den Toten! 16 Ist die Erst-
> lingsgabe vom Teig heilig, so ist auch der ganze
> Teig heilig; und wenn die Wurzel heilig ist, so
> sind auch die Zweige heilig. 17 Wenn aber nun
> einige von den Zweigen ausgebrochen wurden
> und du, der du ein wilder Ölzweig warst, in den
> Ölbaum eingepfropft worden bist und teilbe-
> kommen hast an der Wurzel und dem Saft des
> Ölbaums, 18 so rühme dich nicht gegenüber den
> Zweigen. Rühmst du dich aber, so sollst du wis-
> sen, dass nicht du die Wurzel trägst, sondern die
> Wurzel trägt dich. 19 Nun sprichst du: Die
> Zweige sind ausgebrochen worden, damit ich
> eingepfropft würde. 20 Ganz recht! Sie wurden
> ausgebrochen um ihres Unglaubens willen; du
> aber stehst fest durch den Glauben. Sei nicht
> stolz, sondern fürchte dich! 21 Hat Gott die
> natürlichen Zweige nicht verschont, wird er dich
> doch wohl auch nicht verschonen. 22 Darum

sieh die Güte und den Ernst Gottes: den Ernst gegenüber denen, die gefallen sind, die Güte Gottes aber dir gegenüber, sofern du bei seiner Güte bleibst; sonst wirst du auch abgehauen werden. 23 Jene aber, sofern sie nicht im Unglauben bleiben, werden eingepfropft werden; denn Gott kann sie wieder einpfropfen.

Deshalb kam Christus in die Welt, um ihr das Licht des Lebens zu sein. Um die Brücke über die unüberwindliche Kluft zwischen der ewigen Verdammnis (Gottesferne) und der ewigen Seligkeit in Gott zu bauen! Er kam eben wegen der Toten! Und jeder Mensch ist tot im wahren Sinne, in dem Jesus noch nicht wiedergekommen ist durch die Wiedergeburt des Geistes in ihm. Und diese ist nicht mit einem bloßen Ja und Bekenntnis zu Christus erreicht, sondern allein durch die Werke der reinen Liebe, so, wie der Herr sie uns vorgelebt hat!

Das Bekenntnis, der Glaube, ist nur die Vorbedingung, aber ein Glaube ohne die Werke der Liebe ist eben so gut wie keiner! Denn wie bei der Kerze die Wärme das Licht gebiert und beides zusammen als die Flamme in wirkendes Erscheinen tritt, so gebiert die Liebe die Wahrheit, und beides wirkt im Menschen als der Heilige Geist! So hat ein Mensch der die Liebe hat auch das Licht des Lebens, denn er wird sodann vom Heiligen Geist Selbst gelehrt! Er erhält also innere Offenbarung über die Bibel hinaus, daher auch Paulus sagte im 1.Thessalonicher:

> 5 Den Geist dämpfet nicht, die Weissagung verachtet nicht, prüfet alles, das Gute behaltet!

Jesus spricht: "Alle Seelen, gute und böse, sind aus Mir; und wie von Mir ewig nichts vernichtet werden kann, also auch die böseste Seele nicht, sondern eine jede Seele wird fortleben nach ihrer Liebe."

(Aus: Großes Evangelium Johannes, Band 6, Kap. 240)

Nur freiwillig wendet man sich ab von der göttlichen Ordnung und verdammt sich damit selbst!

Jeder Seele ist es, auch ohne Leib, möglich, zur Ordnung Gottes zurückzukehren. Denn Gott ist ein Geist, und wir sind es auch, da wir aus Gott sind. So werden wir auch nach dem Sterben des Leibes derselbe Mensch sein, denn wir sind ja die Seele, die den Körper belebt. Als aber wieder eine freie Seele leben wir in der Geisterwelt, entweder im Licht oder in der Finsternis, das heißt: Entweder in der Erkenntnis Gottes oder in der Unkenntnis Gottes und der sich daraus um uns gestaltenden Welt, je nach dem wie wir unseren Glauben an Jesus durch die Tat der aufopfernden, dienenden Liebe lebendig werden lassen und den Heiligen Geist empfangen oder aber im Unglauben oder toten Glauben verharren, wird unser Jenseits-zustand beschaffen sein. Denn nur Liebe gebiert die Gotteserkenntnis und nur Liebe gibt der Seele Erleuchtung, so, wie die Wärme das Licht gebiert.

Es gibt keinen Himmel, in welchen man irgendwo "hinein“ kommt und in dem man dann immer nur selbstsüchtig alle vermeinten Vorzüge genießt, ungeachtet derer (die sogar auch Freunde und Anverwandte auf Erden waren), die angeblich von der Gottheit verdammt wurden weil sie nicht glauben wollten oder konnten. Nein, der Himmel kommt in den Menschen "hinein" durch die Werke der Liebe, gemäß dem Wort Gottes in Christus, und dort dient einer dem anderen!

In dem beeindruckenden Jenseitswerk der Neuoffenbarung „Von der Hölle bis zum Himmel“, Band 1, Kapitel 29 lehrt der Herr Selbst:

„Denn sieh, es heißt da: ‚Weichet von Mir, ihr

Verfluchten!‘ – Also sind die schon verflucht, an die das Gebot ergeht. Denn sonst müsste es heißen: Da ihr vor Mir allzeit unverbesserlich gesündigt habt, verfluche Ich als Gott euch nun für ewig zur Hölle ins ewige Qualfeuer!

So aber die schon verflucht sind, an welche die Gottheit solchen Satz ergehen lässt, so folgt daraus: fürs erste, dass die Gottheit hier durchaus nicht als Richter, sondern nur als ein ordnender Hirte auftritt und den von ihr aus eigener Willensmacht ganz abgetrennten Geistern einen andern Weg strenge anweisen muss. Weil sie sonst, alles Verbandes mit der Liebe der Gottheit ledig, unmittelbar in die Arme der Allmacht geraten müssten, wo es dann wahrlich um sie geschehen wäre!

Fürs zweite aber fragt es sich, wer sie dann verflucht hat? Die Gottheit unmöglich! Denn wenn die Gottheit jemanden verfluchte, wäre keine Liebe in ihr und auch keine Weisheit. Wenn die Gottheit gegen ihre Werke zu Felde zöge, zöge sie da nicht so ganz eigentlich gegen sich selbst, um sich zu verderben, – anstatt stets mehr von Ewigkeit zu Ewigkeit sich aufzurichten durch die wachsende Vollendung ihrer Werke, ihrer

Kinder!

So aber die Gottheit danach unmöglich aus ihrer Allmacht heraus als Richter erscheinen kann, sondern allein aus Liebe und Weisheit heraus als ordnender Hirte, so ist es ja klar, dass solche Geister zuvor durch etwas anderes mussten gerichtet worden sein. Durch wen aber? – Diese Frage ist gar leicht zu beantworten, wenn man nur soviel Selbsterkenntnis besitzt, um dieses einzusehen: dass ein Wesen einerseits einen völlig freien Geist und Willen hat, der eigentlich allein der Liebe und Weisheit Gottes entstammt. Anderseits aber, auf dass es von der Allmacht isoliert werden könne, um ein wahrhaft vollkommen freies Wesen zu werden, auch eine Zeitlang einen von der Allmacht gerichteten Leib und eine äußere, gerichtete Welt mit eigenen, ebenfalls gerichteten Reizen haben muss. Es kann daher durch niemand anders als lediglich nur durch sich selbst gerichtet und bestimmt werden. Es kann sich ein solch freies Wesen nur selbst ‚verfluchen', d.h. gänzlich von aller Gottheit absondern."

Lesen wir eine wichtige Kundgabe über das Wesen Gottes und den Grund der Erlösung:

Die sieben Urgeister Gottes. Die Erlösung

Sagte Raphael (der Erzengel war gelegentlich in Gestalt eines Jünglings beim Herrn und Seinen Jüngern anwesend): »Das ist ja nur ein entsprechendes Bild von eben dem, was ich dir ehedem von der Erschaffung oder sukzessiven (allmählich eintretenden) Bildung eines ganzen Weltkörpers mitgeteilt habe.

Die urgeschaffenen großen Geister sind ja eben die Gedanken in Gott und die aus ihnen hervorgehenden Ideen.

Unter der mystischen Zahl Sieben wird verstanden das vollkommen ursprünglich Göttliche und Gottähnliche in jedem von Ihm ausgehenden Gedanken und in jeder von Ihm gefassten und wie aus Sich hinaus gestellten Idee.

Das erste in Gott ist die Liebe. Diese lässt sich finden in allen geschaffenen Dingen; denn ohne sie wäre kein Ding möglich.

Das zweite ist die Weisheit als das aus der Liebe hervorgehende Licht. Auch diese kannst du in jedem

Wesen in seiner Form ersehen; denn für je mehr Licht ein Wesen empfänglich ist, desto entfalteter, entschiedener und schöner wird auch seine Form sein.*

Das dritte, das aus der Liebe und Weisheit hervorgeht, ist der wirksame Wille Gottes. Durch ihn bekommen die gedachten Wesen erst eine Realität, dass sie dann wirklich sind und da sind, - ansonsten wären alle Gedanken und Ideen Gottes eben das, was deine hohlen Gedanken und Ideen sind, die niemals ins Werk gesetzt werden.

Das vierte, das wieder aus den dreien hervorgeht, ist und heißt die Ordnung. Ohne diese Ordnung könnte kein Wesen irgend eine bleibende und stetige Form und somit auch nie einen bestimmten Zweck haben. Denn so du einen Ochsen vor den Pflug spanntest, und er würde seine Form und Gestalt verändern, zum Beispiel in einen Fisch oder in einen Vogel, würdest du da wohl mit ihm je einen Zweck erreichen? Oder du wolltest eine Frucht essen, und sie würde dir vor dem Mund zu einem Steine werden, - was würde dir die Frucht nützen? Oder du gingst irgendwohin auf festem Wege, und der Weg würde dir unter den Füßen zu Wasser, - könnte dir da selbst der festeste Weg etwas nützen? Siehe, alles das und zahllosfach anderes wird verhütet durch die göttliche Ordnung als den vierten Geist Gottes!

Der fünfte Geist Gottes aber heißt der göttliche Ernst, ohne den kein Ding als etwas Bestehendes möglich wäre, weil er gleich ist der ewigen Wahrheit in Gott und erst allen Wesen den wahren Bestand, die Fortpflanzung, das Gedeihen und die endliche Vollendung gibt. Ohne solchen Geist in Gott stünde es mit allen Wesen noch sehr schlimm. Sie wären gleich den Fata-Morgana-Gebilden, die wohl etwas zu sein scheinen, solange sie zu sehen sind; aber nur zu bald ändern sich die sie erzeugt habenden Bedingungen, weil in ihnen kein Ernst waltet, und die schönen und wunderbaren Gebilde zerrinnen in nichts! Sie sind zwar auch sehr wohlgeordnet anzusehen, aber weil in dem sie hervorbringenden Grunde kein Ernst waltet, so sind sie nichts als leere und höchst vergängliche Gebilde, die unmöglich einen Bestand haben können.

Siehe, da haben wir nun schon einmal die fünf großen Urgeister Gottes, und wir wollen denn noch zu den zwei letzten übergehen, und so höre mich noch weiter an!

Wo die höchste Liebe, die höchste Weisheit, der allmächtige Wille, die vollkommenste Ordnung und der unwandelbar festeste Ernst vorhanden sind, da muss doch offenbar auch die höchste und ewig nie erreichbare Geduld vorhanden sein; denn ohne sie müsste sich alles überstürzen und endlich in ein unentwirrbares Chaos der alten Weisen übergehen.

Wenn ein Baumeister ein Haus aufbaut, so darf er doch nebst seinen anderen dazu erforderlichen Eigenschaften auch die Geduld nicht außer acht lassen; denn fehlt ihm diese, so - glaube es mir - wird er mit seinem Hause niemals zurechtkommen.

Ich sage es dir: Wenn Gott diesen Geist nicht hätte, so leuchtete schon gar endlos lange keine Sonne einer Erde im endlosesten Raume, und in der Welt der Geister sähe es ganz absonderlich, gänzlich wesenlos aus. Die Geduld ist die Mutter der ewigen, unwandelbaren Barmherzigkeit Gottes, und wäre dieser sechste Geist nicht in Gott, wo und was wären dann alle Geschöpfe dem allein allmächtigen Gott gegenüber?!

Wenn wir nun denn auch irgend fehlen und uns dadurch offenbar dem vernichtenden Fluch der göttlichen Liebe, Weisheit, des göttlichen Willens, dem Sein

Ernst offenbar wegen der vorangegangenen Ordnung folgt, preisgeben, so stoßen wir an die göttliche Geduld, die mit der Zeit dennoch alles ins Gleichgewicht bringt und bringen muss, denn ohne sie wären alle noch so vollkommenen Geschöpfe dem ewigen Gerichte des Verderbens anheimgestellt.

Die göttliche Geduld würde mit den vorangehenden fünf Geistern in Gott wohl einen oder auch zahllos viele Menschen auf den Weltkörpern erschaffen und sie auch gleichfort erhalten; aber da würde ein Mensch oder auch zahllos viele Menschen im schweren Fleisch eine endlose Zeit fortleben, und von einem endlichen Freiwerden der Seele aus den Banden der Materie wäre da schon ewig lange keine Rede. Zugleich würden sich Tiere, Pflanzen und Menschen gleichfort mehren und am Ende in einer solchen Anzahl auf einem Raum beschränkten Weltkörper so eng zusammengedrängt wohnen, dass da einer dem andern nicht mehr ausweichen könnte. Das ist aber nur zu verstehen, wenn ein Weltkörper unter dem Welten der endlosen göttlichen Geduld je noch dahin reif werden würde, dass er Pflanzen, Tiere und Menschen tragen und ernähren könnte. Ja, es ginge mit den alleinigen dir bis jetzt bekanntgegebenen sechs Geistern sogar mit der Erschaffung einer materiellen Welt unendlich saumselig her, und es wäre sehr zu bedenken, ob da je eine Welt zum materiellen Vorscheine käme.

Aber die Geduld ist, wie schon gesagt, die Mutter der göttlichen Barmherzigkeit, und so ist der siebente Geist in Gott eben die Barmherzigkeit, die wir auch die Sanftmut nennen wollen. Diese bringt alles zurecht. Sie ordnet alle die früheren Geister und bewirkt die rechtzeitige Reife einer Welt sowohl, wie aller Geschöpfe auf ihr. Für alles hat sie einen bestimmten Zeitraum gestellt, und die reif gewordenen Geister können demnach bald und leicht der vollen Erlösung gewärtig werden und in ihre ewige Freiheit und vollste Lebensselbständigkeit eingehen.

Dieser siebente Geist in Gott bewirkte denn auch, dass Gott Selbst das Fleisch annahm, um dadurch alle die gefangenen Geister aus den harten Banden des notwendigen Gerichtes der Materie in möglichster Kürze der Zeit zu erlösen, darum auch dieses Sein Werk - die Erlösung - die Neu-Umschaffung der Himmel und der Welten und somit das größte Werk Gottes genannt werden kann, weil in diesem alle die sieben Geister Gottes völlig gleichgewichtig wirken, was vordem nicht so sehr der Fall war und auch nicht sein durfte zufolge des Geistes der Ordnung in Gott. Denn früher wirkte dieser dir nun bekanntgegebene siebente Geist in Gott nur insoweit mit den anderen Geistern mit, dass alle die Gedanken und Ideen Gottes zu Realitäten wurden; von nun an aber wirkt er mächtiger, und die Folge davon ist eben die vollkommene Erlösung.

Und siehe nun, das sind die von dir unverstandenen sieben Geister Gottes, und all das Erschaffene aus den sieben Geistern Gottes entspricht in allem und jedem diesen sieben Geistern Gottes und birgt sie in sich. Und die ewig fortwährende Erschaffung und das ebenso fortwährende Erschaffen ist das, was die Urweisen dieser Erde die 'Kriege Jehovas' nannten!“

J.L., Großes Evangelium Johannes, Band 7, Kapitel 18, Verse 4 – 17

* Man betrachte hierzu einmal die erst in neuerer Zeit entdeckten hässlichen Kreaturen der dunklen Tiefsee

Die Erlösung begann mit dem Bremsen des Falles des Luzifer. Die materielle Schöpfung ist die gerichtete, in Untätigkeit versetzte Seele dieses Erstlings, um sie und die mit ihm gefallenen Geister (zu denen auch wir Menschen gehören) durch mannigfache Seelenbildungsprozesse zur Liebe zurückzuführen und wiederzubeleben (eigenes Buch zum Thema!). Die Versöhnung Gottes in Sich Selbst (Seiner 7 Eigenschaften) durch Seine Menschwerdung in Jesu Christi, war der Sieg der Eigenschaften: Liebe, Erbarmung und Geduld über alles Gesetz der Gerechtigkeit, welche die Eigenschaften: Weisheit, Ernst und Ordnung fordern! Somit können wir alle unendlich froh und dankbar sein, nicht der Gerechtigkeit Gottes anheim gefallen zu sein, sondern Seiner erbarmenden Liebe. Denn ein Recht und einen Anspruch auf die Gnade und die Lebensfülle hat von uns allen niemand!

Das Ereignis mit der Ehebrecherin (Joh.8,1-11), die laut mosaischem Gesetz hätte gesteinigt werden müssen, gibt uns hier ein Entsprechungsbild über die Versöhnung Gottes mit Sich Selbst hinsichtlich alles in die Außer-Ordnung geratenen:

Der Herr: „Liebe und Geduld sind aber endlos mehr wert als alle Weisheit und alle Gerechtigkeit! Darum haltet euch stets an die Liebe und an ihre Schwester, die Geduld, so wird euch die Sünde zur Unmöglichkeit werden. Nach der Gerechtigkeit wäre es auch wohl recht gewesen, so Ich nach Meinem eigenen, durch Moses gegebenen Gesetze hätte die Ehebrecherin zu Tode steinigen lassen. Denn so lautete ja das offene Gesetz, dass da jede Ehebrecherin solle zu Tode gesteinigt werden. Aber da trat an die Stelle der harten Gerechtigkeit Meine Liebe, Geduld und Erbarmung. Und diese ließen die große Sünderin nicht nur nicht steinigen und töten, sondern schrieben ihre Schuld samt dem harten Gerechtigkeitsgesetze für alle Zeiten des irdischen Lebens in Sand und übertrugen das einstige Gericht der Liebe eines jeden zu sich und über sich, auf dass sich ein jeder selbst finde und richte nach seiner Liebe für ewig."

J.L., Himmelsgaben" Band 2, Nr. 143

Der Herr: "Zuerst näherte Gott Sich den Menschen in der Schöpfung; dann erschien Er einzelnen Menschen, welche Er zur Vermittlung erwählte, bald auf diese, bald auf jene Weise für kurze Zeit, wie z. B. Adam, Henoch, Abraham, Moses und den Propheten. Als aber die Menschen vorbereitet waren, einen Gott dem Geiste nach zu erkennen, da nahm Ich (in Jesus) auf längere Zeit die menschliche Form an, um persönlich sie belehre zu können, und deshalb musste Ich Meine Gottheit unter einem anderen Namen (als Sohn) verbergen, damit sie in ihrer geistigen Freiheit nicht beeinträchtigt wurden, und nur Einzelnen wurde es zu Teil, Mich klar (als den einzigen Gott) zu erkennen."

Aus: J.La., Vaterbriefe, Band 3, "Wer Mich sieht, der sieht Den der Mich gesandt hat"

Versöhnung schon seit dem Beginn des Falles Luzifers

Sünde (antigöttliches Verhalten) ist die Folge jenes Kindesfalles (Luzifers), weshalb Gott seit dem Beginn des Falles die Versöhnung schuf:

> "Ich tilge deine Übertretungen um meinetwillen, und an deine Sünden will ich nie mehr gedenken!" (Jes. 43, 25);

> "Mit seinem eigenen Blut ist Er ein für allemal in das Heiligtum eingegangen und hat eine ewige Erlösung erlangt" (Hebr. 9, 12).

"Aber nun sage Ich zu euch, ihr Meine getreuesten Propheten und nun Engel Meiner Himmel, und frage euch, ob ihr diesen großen Frevlern in Meinem Heiligtume vergeben könnet die große Unbill, die sie an euch begangen haben. Sagten beide: Ja, Herr; denn Du allein bist ja unser aller Versöhnung! Nur wolle Du nach Deiner großen Barmherzigkeit sie erleuchten, auf dass sie einsehen mögen, wie groß ihr Arges ist!"

(Großes Evangelium Johannes, Band 6, Kapitel 9).

Wir alle sind versöhnt mit Gott durch Christus, auch die (noch) Ungläubigen, und somit errettet davor, den Lebensattributen der Gottes-Gerechtigkeit ihren Tribut leisten zu müssen, was das Ende des freien, selbständigen Lebens der Gefallenen zur Folge hätte! Alle Schuld der Gefallenen wurde durch Jesus getilgt und gesühnt, oder anders: In Ordnung gebracht. Wer nun umkehrt zur tätigen Liebe in Christus, gemäß Seines Evangeliums, der wird des seligsten Gotteslebens in sich teilhaftig, denn zu dem wird der Vater und der Sohn kommen (die Liebe und die Wahrheit in ihrer Wirkung als der Heilige Geist) und Wohnung bei ihm nehmen. Wer aber nicht durch den Glauben an Christus nach Seinem Wort getreu lebt und handelt, in dem wird der Heilige Geist nicht wirken und ihm nicht das Licht des Lebens und die Erkenntnis Gottes bringen. Und so verbleibt jener in Unkenntnis über das Leben und getrennt vom Heiligen Geist, was die "ewige Verdammnis", mit allen bitteren Folgen von Gottesferne ist. Aber nur so lange, bis er freiwillig umkehren wird. Und dazu hat jeder geschaffene Geist im Jenseits noch hinreichend Gelegenheit, wenn auch ungleich schwerer als hier in der Materie-Bannung! "In meines Vaters Hause sind viele Wohnungen", spricht der Herr. Denn die Liebe und Barmherzigkeit Gottes, des Vaters, hört nicht auf, das verlorene Kind zu rufen (siehe Lukas 15).

Dem Verlorenen gilt also alle Anstrengung… ja, diesem gilt die gesamte materielle Schöpfung, und deshalb tragen wir den Leib und leben durch diesen in begrenztem Raum und in begrenzter Zeit! Das ist die "Feindschaft" Gottes von der Paulus spricht in Römer 5,10 in der wir leben, und nun aber dennoch versöhnt sind.

> Römer 11, 23: Jene aber, sofern sie nicht im Unglauben bleiben, werden eingepfropft werden; denn Gott kann sie wieder einpfropfen. 16 Ist die Erstlingsgabe vom Teig heilig, so ist auch der ganze Teig heilig; und wenn die Wurzel heilig ist, so sind auch die Zweige heilig. 22 Darum sieh die Güte und den Ernst Gottes: den Ernst gegenüber denen, die gefallen sind, die Güte Gottes aber dir gegenüber, sofern du bei seiner Güte bleibst; sonst wirst du auch abgehauen werden.

Solange ein Mensch das Blut Jesu nicht trinkt, das heißt: Solange man nicht in der aufopfernden und dienenden Liebe sich befindet und diese lebt, befindet man sich nicht in Gott und hat noch nicht die Wiedergeburt des Geistes erlangt, sondern man ist noch im Zustand der ewigen Verdammnis (= Gottesferne). "Abgehauen" (Röm.11,22) ist hier als Folge der freiwilligen Trennung von der Lebensader Gottes zu verstehen, welche ein Leben in und aus der Liebe ist. Es ist also kein Akt der Willkür Gottes, sondern ein willentlicher Akt des Geschöpfes, indem es entweder nicht an einen Gott glauben oder/und nicht nach der

Lebensordnung Gottes handeln und sich somit nicht der aufopfernden, dienenden und erbarmenden Liebe hingeben möchte, die allein ein seliges Leben bedingt.

Lesen wir also nun weitere wichtige Kundgaben über das Wesen Gottes und den Grund der Erlösung:

Die zweite Schöpfung Gottes. Worin die Erlösung besteht. Deutung prophetischer Bibeltexte

Der Herr: „Alle die Höllengeister verstehen sich überaus gut aufs Verstellen. Sie erscheinen oft äußerlich den Engeln gleich und innerlich sind und bleiben sie gleich den reißenden Tieren. Ihre Verstellungskunst geht so weit, dass sie sogar die Engel verführen könnten, und Ich bin hauptsächlich darum im Fleisch auf diese Erde gekommen, um der Hölle für ewig einen Damm zu setzen, den sie in alle Ewigkeit nimmer wird überwältigen können.

Ich, als Gott von Ewigkeit, könnte freilich wohl mit Meinem Willen die Hölle, aber mit ihr auch die ganze Schöpfung zunichte machen. Was aber dann? Etwa eine neue Schöpfung beginnen? Ja, ja, das ginge schon; aber eine neue Schöpfung von materiellen Welten ist in keiner andern Ordnung denkbar, als die gegenwärtige da ist, weil die Materie das gefestete und notwendig gerichtete Medium ist, durch das ein Mir in allem ähnlich werden sollendes Wesen, von Mir ganz abgelöst, die Willensfreiheitsprobe durchmachen muss, um zur wahren Lebensselbständigkeit zu gelangen.

Es ist darum besser, alles bestehen zu lassen, aber in einer wohl gesonderten Ordnung. Diese aber konnte von Mir nur dadurch bewerkstelligt werden, dass Ich Selbst Mensch geworden bin, Selbst alle Materie durchdrungen und somit allen ihren noch so alten, gerichteten geistigen Inhalt zur Beseligung fähig gemacht habe.

Und das ist eben die zweite Schöpfung, die Ich schon von Ewigkeit her vorgesehen habe, ohne die nie ein Mensch dieser oder auch einer andern Erde vollkommen selig hätte werden können; denn vor dieser Meiner Darniederkunft war Ich ewighin ein unschaubarer Gott, wie es auch im Moses heißt, dass niemand Gott sehen kann und leben. Von nun an aber bin Ich für jedermann ein schaubarer Gott, und jeder, der Mich sieht, lebt und wird ewig leben.

Die Erlösung aber besteht erstens in Meiner Lehre, und zweitens in dieser Meiner Menschwerdung, durch welche die so überwiegende Macht der alten Hölle gänzlich gebrochen und besiegt ist.

Solches hat schon der Prophet Jesajas angezeigt, als er im 63. Kapitel Vers 1-9, sagte:

> »Wer ist Der, so von Edom kommt, besprengt das Gewand aus Bozra, ehrenwert in Seiner Kleidung, einherschreitend in der Größe Seiner Kraft? - Ich, der Ich rede in der Gerechtigkeit, groß zum Retten! Warum bist Du rötlich in Deinem Gewand und Dein Gewand wie das des Treters einer Kelter? Die Kelter trat Ich allein und vom Volke kein Mann mit Mir! Deshalb zertrat Ich jene (die Hölle) in Meinem Zorn (Gerechtigkeit} und zerstampfte sie in Meinem Grimm (die höchste Ordnung der göttlichen Weisheit). Darum ist gespritzt der Sieg auf Mein Gewand (der Lehre und des Glaubens Wahres); denn der Tag der Rache ist in Meinem Herzen, und das Jahr Meiner Erlösten ist gekommen. Heil brachte Mir Mein Arm (das Menschliche des Herrn); zur Erde niedersteigend machte Ich ihre (der Hölle) Besiegung. Er sprach: Siehe, Mein Volk sind jene Kinder (von der Hölle verführt),

> darum ward Ich ihnen zum Erlöser, ob Meiner Liebe und ob Meiner Milde habe Ich sie erlöst.«

Und weiter findet ihr bei demselben in seinem 59. Kapitel:

> »Er sah, dass niemand da war (d.h. keine Liebe und keine Wahrheit) und staunte, dass kein Vertreter da wäre; darum brachte Ihm Heil Sein Arm (das Menschliche des Herrn), und Gerechtigkeit richtete Ihn auf (die göttliche Ordnung im Menschlichen des Herrn). Darum zog Er die Gerechtigkeit an wie einen Panzer und den Helm des Heils über Sein Haupt und legte an das Gewand der Rache (die Wahrheit) und deckte Sich mit Eifer wie mit einem Mantel. Da kam für Zion ein Erlöser!«

Im Jeremias lest ihr (Kapitel 46):

> »Sie sind verzagt; denn ihre (der Hölle) Helden sind zerschlagen. In die Flucht flohen sie und blickten nicht rückwärts. Jener Tag (zur Ehre und zum Lobe) dem Herrn Jehova Zebaoth, ein Tag der Rächung, an dem Er Rache nehme an Seinen Feinden und Sein Schwert fresse und sich sättige.«

Und in dem 45. Psalm, vom 4.-8. Verse, lest ihr

folgende gar treffliche Stelle, die also lautet:

> »Gürte das Schwert (auch das Menschliche des Herrn) um die Lenden, Mächtiger! Deine Pfeile (die Wahrheit) sind gespitzt. Völker (der Hölle) werden fallen unter Dir, die aus dem Herzen Feinde des Königs (des Guten und Wahren) sind. Dein Thron (die Kirche des Herrn) für die Folgezeit und Ewigkeit! Du liebtest die Gerechtigkeit; darum hat Dich Gott gesalbt«

Dergleichen Stellen gibt es noch eine Menge, in denen aufgezeigt ist, dass Ich hauptsächlich nur darum im Fleisch in diese Welt gekommen bin, um den zu gewaltigen Übergriffen der Hölle für ewig Einhalt zu tun.“

Aus: J.L., Großes Evangelium Johannes, Band 6, Kap. 239

Das Verhältnis zwischen Hölle und Welt. Was die Erlösung ist

JESUS spricht: "Alle Seelen, gute und böse, sind aus Mir; und wie von Mir ewig nichts vernichtet werden kann, also auch die böseste Seele nicht, sondern eine jede Seele wird fortleben nach ihrer Liebe."

Der Herr: „Es denke aber von euch ja niemand, als hätte Ich dereinst auch schon die Hölle erschaffen! Das sei ferne von Mir und von euch allen! Auch denkt euch nicht, als sei sie ein Ort zur ewigen Bestrafung der Übeltäter dieser Erde! Sie hat sich von selbst gebildet aus jenen gar vielen Menschenseelen, die auf dieser Erde im Fleisch jeder göttlichen Offenbarung Hohn sprachen, Gott leugneten, nur taten, was ihrer äußeren Sinnlichkeit behagte, aber sich am Ende göttliche Verehrung erweisen und alles Volk durch ihre Höflinge darin unterweisen ließen, dass sie selbst Götter seien und alles Volk sie anbeten müsse, wie solches Nebukadnezar zu Babylon tat. Wieder erfanden sie Götzen und zwangen die Völker, dieselben anzubeten und ihnen große Opfer zu bringen; aber wer sich weigerte, wurde auf das grausamste gemartert.

Aus dem aber könnt ihr wohl ersehen, welche Gewalt die Hölle über die ganze Erde ausübte, und wie sehr es nun an der Zeit war, dass Ich Selbst in die Materie herabkommen musste, um dieses alte, aber notwendige Gericht mit aller Meiner Fülle zu durchbrechen und dadurch der sich selbst geschaffenen Hölle einen Damm zu setzen, den sie nimmerdar so durchbrechen wird, wie es bis jetzt der Fall war.

Ich, der Allerheiligste, musste Mich mit der Unheiligkeit der menschlichen oder geschöpflichen Schwachheit bekleiden, um Mich der Hölle wegen ihrer Besiegung als ein starker Held nahen zu können. Ich habe Mich ihr nun genaht, bin in ihrer Mitte, und alle Teufel und Satane fliehen vor Mir wie lockere Spreu vor dem Sturmwinde.

Und also habe Ich euch nun in einem Beispiel gezeigt, was die Hölle ist, was sie tat, zum Teile noch tut, und was die Erlösung ist. - Habt ihr solches wohl einigermaßen verstanden?“

Sagte nun Agrikola ganz erstaunt: „Herr, solch eine Beschreibung der Hölle ist noch nie zu meinen Ohren gekommen! Wir Römer haben sie nach unserer Phantasie unter den Erdboden, besonders an jene Stellen versetzt, wo es, wie bei uns, solche Berge gibt, die immerwährend rauchen und von Zeit zu Zeit große und alles verheerende Feuermassen ausspeien. Ah, so aber sieht die Sache ja ganz anders aus! Da ist ja nun die ganze Erde mit dem losesten Menschengeschlecht eine vollkommene Hölle; denn in dieser Welt geht es nun gerade also zu, wie Du uns das Walten und Treiben der Hölle beschrieben hast!“

Sagte Ich: „Ja, Mein Freund, die Welt und die Hölle sind geradeso eins, wie da eins sind Leib und Seele. Die große Höllenseele bedient sich der äußeren Welt geradeso, wie sich da bedient die Seele ihres Leibes. Ist die Seele ein Engel durch ihre Liebe zu Gott und zum Nächsten, so wird auch der Leib nur Gutes tun, weil die Seele, die den Leib belebt, nichts Böses tun will und kann; ist aber die Seele schon völlig ein Teufel, so ist dasselbe auch ihr Leib.

Darum aber kam Ich nun in diesen Weltleib, um alle die legionenmal Legionen Teufel aus ihm zu vertreiben. Ich gab dir gestern mit der Maid im Kleinen ein Beispiel dafür, was Ich nun im Großen tue. Ich werde nun das Haus von den alten Teufeln rein ausfegen; aber so die Menschen sich nicht daran halten werden, so werden sie bald mit einer neuen Hölle und ihren Teufeln fertig sein, und diese werden dann bald in das gereinigte Haus einkehren und einen Zustand in der Welt bereiten, der noch ärger sein wird, als da war der erste vor Mir.

Denn wie früher, so muss auch jetzt und fürderhin eine jede Seele im Fleisch ihre Willens- und Erkenntnisfreiheitsprobe durchmachen, und die kann ohne zugelassene Anreizungen zum Guten und zum Bösen nie und nimmer stattfinden. Aber nun haben die Menschen durch Mich die Hilfe in ihrer Hand und können die in ihnen anwachsen wollende Hölle allzeit auf das glänzendste besiegen, was eben die Folge Meiner Erlösung ist. Die aber das nicht tun werden, die werden noch mehr Knechte der neuen Hölle sein, als es da waren die Alten bis zu dieser Zeit."

Sagte Agrikola: „Ja, Herr, da wäre es ja besser, solche neuen Höllenseelen nach dem Leibesleben sogleich ganz zu vernichten?!"

Sagte Ich: „Ja, Mein Freund, das geht nicht an; denn alle Seelen, gute und böse, sind aus Mir; und wie von Mir ewig nichts vernichtet werden kann, also auch die böseste Seele nicht, sondern eine jede Seele wird fortleben nach ihrer Liebe. - Verstehst du, Mein Freund, dieses wohl so ein wenig?"

Sagten nun alle: „Herr und Meister! Diese Sache ist uns nun ganz klar geworden; aber es tritt nun bei uns ein anderer Fall ein, das heißt, ein ganz eigenes, trauriges Gefühl in unserem Gemüt wird laut, und das aus zwei Gründen: Der erste ist, dass wir mit Leib und Seele offenbar in der allervollkommensten Hölle leben, und der zweite, dass stets die bei weitem größte Zahl der Menschen dieser Erde offenbar nichts anderes als Höllengeister werden, und das auch offenbar für ewig. Ist denn da für solche Höllengeister im Ernste auch bei Dir, o Herr, keine Hilfe mehr denkbar möglich?"

J.L., Großes Evangelium Johannes, Band 6, Kap. 240

Darauf aber sagten die Pharisäer und Schriftgelehrten, die so ganz geheim mit der Erklärung der Hölle nicht sehr zufrieden waren: „Ah, da sorgen wir uns wieder gar nicht und überlassen das Seiner Güte und Weisheit! Haben wir doch gemurrt, da Er die Menge Sünder und Zöllner annahm, die doch auch gerade keine himmlischen Geister waren, so wird Er wohl auch mit den schon wirklichen Höllengeistern einen Ausweg haben! Denn in Seiner Weisheit wird noch gar vieles verborgen liegen, das Er uns nicht offenbaren wird. Was uns Not tut, das wird Er uns offenbaren;

was uns aber sicher nicht Not tut, um das haben wir uns auch nicht zu kümmern. Ist ein Teufel aus seinem eigenen Willen heraus so blind und dumm und will kein Licht annehmen, - nun, so bleibe er ein Teufel in Ewigkeit! So er die stete Gelegenheit hat, sich zu bessern, und es ihm auch an der Vernunft und am Verstande dazu nicht mangelt, wie auch am Willen nicht, er aber dennoch das Gute und Wahre nicht will und gewisserart eine Ehre dareinsetzt, dem Willen Gottes entgegenzustreben, na, so tue der Narr das, solange ihm das wahrscheinlich eine Freude macht, und Gott und alle seligen Geister werden dabei nichts verlieren! - Das ist so unsere ganz nüchterne Ansicht.“

Sagte Lazarus: „Ja, ja, eure Ansicht ist ganz richtig, und da haben auch die Römer ganz recht, so sie sagen: "Dem Selbstwollenden geschieht kein Unrecht!", aber ich sage: So spricht dennoch nur die trockene Rechtsphilosophie der Welt. So ich aber einen Menschen sehe, der sich aus Verzweiflung das Leben nehmen will, oder ich sehe einen selber unerfahrenen Menschen, der giftige Beeren sammelt, um sich damit zu sättigen, so ist es denn doch meine Menschenpflicht, nicht gleich jeden das tun zu lassen, was zu tun er sich vorgenommen hat, sondern ihn davon ganz ernstlich abzuhalten und ihn zu belehren, welche Folgen dieses oder jenes für ihn haben würde.

Natürlich, so ich nicht weiß und sehe, wo irgend einem Menschen aus seinen Handlungen eine Gefahr droht, so habe ich auch kein Gefühl für ihn und kann ihm auch nicht helfen; aber wo ich sehe, weiß und fühle, da darf ich einen noch so dummen und eigensinnigen Menschen nicht dem Verderben nach seinem eigenen Willen preisgeben, und es kann einem fühlenden Gemüte nicht einerlei sein, ob unter tausend Menschen neunhundert-neunundneunzig verlorengehen oder nicht. Und ich kann darum alle jene nur loben, denen es hart und traurig zumute wird, so sie einsehen, dass gar so ungeheuer viele so gut wie für ewig verloren sind, und ich finde es nun auch ganz natürlich, dass diese edel fühlenden Menschen sich also vor dem Herrn ausgesprochen haben. Denn von Ihm kann man denn doch mit der größten Zuversicht erwarten, dass Er uns auch in dieser Beziehung einen rechten Aufschluss, wenn auch in irgendeinem Bilde, geben wird. - Herr, habe ich recht geurteilt oder nicht?“

Sagte Ich (Jesus): „Mein lieber Bruder Lazarus, du hast ganz recht geurteilt! Mögen da alle Pharisäer und Schriftgelehrten darüber murren, der Herr ganz allein bin dennoch Ich und kann tun, was Ich will, und niemand kann Mich zur Verantwortung ziehen und sagen: "Herr, warum tust Du dies und jenes?"

Ich will euch aber von der wahren Barmherzigkeit Gottes ein paar Bilder geben, und nach denen möget ihr selber urteilen, wie es mit dieser steht. - Und so hört Mich denn!"

J.L., Großes Evangelium Johannes, Band 6, Kap. 241

Drei Gleichnisse von der Barmherzigkeit Gottes. Das Geheimnis der Liebe

Der Herr: „Wo ist unter euch ein Mensch, der da hundert Schafe hat, und so er eines davon verliert, dass er dann nicht alsbald lasse die neunundneunzig in der Wüste und hinginge nach dem verlorenen und es suche so lange, bis er es wiederfinde, und, wenn er es gefunden hat, es auflege auf seine Achseln vor Freude? Und wenn er dann heimkommt, so wird er alle seine Nachbarn zu sich laden und sagen: "Freut euch mit mir, denn ich habe mein Schaf, das verloren war, wiedergefunden und gebe ein Gastmahl!"

Und Ich sage es euch: So wird auch mehr Freude sein über einen Sünder, der verloren war, so er sich ernstlich gebessert hat, denn über neunundneunzig Gerechte , die der Buße nie bedurft haben!

Oder welches Weib ist, das zehn Groschen hat und einen davon verliert, das da nicht alsbald ein Licht anzünde, das ganze Haus kehre und suche mit allem Fleiß, bis es finde den verlorenen Groschen? Und so das Weib den verlorenen Groschen wiedergefunden hat, wird es nicht seine Freundinnen und Nachbarinnen zusammenrufen und sagen: "Freut euch mit mir; denn ich habe meinen Groschen gefunden, den ich verloren hatte!"?

Und Ich sage es: So wird auch eine große Freude sein im Himmel bei den Engeln Gottes über einen Sünder, der verloren war, aber durch eine wahre und ernste Buße sich wieder für die Himmel hat finden lassen!

Und weiter hört noch ein gar vielsagendes Bild! Es war ein gar sehr angesehener und über und über reicher Mensch, der hatte zwei Söhne. Und der jüngste Sohn ging zum Vater und sagte zu ihm: "Gib mir den Teil oder den Wert meiner Güter, was mir als deinem Erben zukommt; denn ich will von dannen ziehen und in der Welt mein Glück machen!" Und der Vater teilte das Gut der Söhne und gab dem Jüngeren seinen Teil heraus.

Und bald darauf sammelte der Jüngere all das Seine zusammen und zog ferne von dannen über Land und Land. Und als er einen Ort fand, da es seinen Sinnen gefiel, brachte er daselbst all sein Geld mit Prassen durch. Und als er bald all das Seinige verzehrt hatte, kam eine große Teuerung in dasselbe Land, und er fing an zu darben. Darauf ging er hin und hängte sich an einen Bürger desselben Landes, dass er ihm einen Dienst gäbe, und der sandte ihn auf seinen Acker, seine Säue zu hüten. Als er aber ein paar Tage die Säue hütete, da fing es ihn sehr zu hungern an, und er begehrte seinen Bauch zu füllen mit Trebern, die die Säue aßen, und niemand gab sie ihm.

Da er aber so stark darbte und sich zur höchsten

Not nur mit Wurzeln und Gras ernährte, so ging er endlich in sich und sagte in seinen Gedanken: "Wie gar viele Tagelöhner hat daheim mein Vater, die Brot in Fülle haben, und ich verderbe vor Hunger! Ich will mich aber aufmachen und zum Vater ziehen und ihm sagen: "Vater, ich habe gesündigt in dem Himmel und vor dir!" Ich bin hinfort nicht mehr wert, dass ich dein Sohn heiße; mache mich aber doch zu einem geringsten deiner Tagelöhner!"

Und so machte sich der Sohn auf und zog zu seinem Vater. Als er aber noch ferne von dannen war, da ersah der Vater den Sohn schon, und es jammerte ihn. Darum lief er ihm mit offenen Armen entgegen, fiel ihm um seinen Hals und küsste ihn. Der Sohn aber sprach zu ihm: "Vater, ich habe gesündigt im Himmel und vor dir; ich bin hinfort nicht mehr wert, dass ich dein Sohn heiße!" Aber der Vater sagte zu seinen Knechten: "Bringt sogleich das beste Kleid hervor und tut es ihm an, und gebt ihm einen Fingerreif an seine Hand, und zieht ihm Schuhe an! Und bringt ein gemästetes Kalb her, schlachtet es und lasset uns essen und fröhlich sein! Denn dieser, mein Sohn, war tot und ist wieder lebendig geworden, er war verloren und ist gefunden worden! Und so lasst uns nun singen und fröhlich sein!"

Aber der älteste Sohn war auf dem Feld, und als er nach Hause kam, hörte er Gesänge und den Reigen. Und er rief einen Knecht zu sich und fragte ihn, was das wäre. Der Knecht aber sagte zu ihm: "Dein Bruder ist gekommen, und der Vater hat ihm ein gemästetes Kalb geschlachtet, da er den verlorenen Sohn gesund wieder hat." Da ward der älteste Sohn zornig und wollte nicht hineingehen. Der Vater aber ging hinaus und bat ihn sogar darum. Der älteste Sohn aber antwortete und sprach zum Vater: "Siehe, so viele Jahre diene ich dir und habe dein Gebot nie übertreten, und du hast mir nie auch nur einen Bock gegeben, dass ich dabei mit meinen Freunden gar fröhlich hätte sein können! Da nun aber dieser dein Sohn gekommen ist, der sein Gut mit Huren verschlungen hat, so hast du ihm ein gemästetes Kalb geschlachtet!"

"Mein Sohn, du bist allzeit bei mir", sprach der Vater, "und alles, was mein ist, ist auch dein!" Darum sollst auch du fröhlich sein; denn dieser dein Bruder war tot und ist wieder lebendig geworden, und er war verloren und ist wiedergefunden worden!" Da ging auch der älteste Bruder hinein und hatte eine große Freude an dem jüngsten Bruder.

- ➔ Seht, diese Bilder sagen euch alles, dessen diejenigen bedürfen, die in ihrem Herzen in der Liebe dem Vater im Himmel gleichen: welche aber nur in der Weisheit allein stecken, die fühlen das große Bedürfnis der Liebe im Vater nicht.

David, der Mann nach dem Herzen Gottes, hatte auch zwei Söhne, die er besonders liebte. Obschon ihn aber Absalom verfolgte und er (David) ihm alle Gewalt entgegenstellte, dass er ihn besiegte, welche Prämie hätte von David derjenige erhalten, der ihm den so heiß geliebten Sohn lebend wiedergebracht hätte! Salomo war wohl die Weisheit selbst und war stets um David; aber Davids Liebe und Neigung war Absalom.

O Meine Lieben, dies Bild besagt unendlich viel! Welche Freude wird Davids Herz empfinden, wenn sein verlorener Absalom ihm einmal lebendig wieder zugehen wird!

O Meine Lieben, in der Liebe liegt noch gar vieles verborgen, was keine Weisheit ergründet hat; darum ist der Vater als die ewige Liebe auch größer denn der Sohn, der als Ihr Licht hier vor euch ist.

Darum sage Ich: vieles ist selbst bei den weisesten Menschen unmöglich, was bei Gott in Seiner Liebe dennoch alles möglich ist! - Glaubt ihr Mir dieses?“

Sagte nun Lazarus voll Freude: „Herr, wir danken Dir allerinbrünstigst für diese Kundgabe; denn wer da nicht mit der siebenfachen Finsternis der Seele und seines ganzen Gemütes geschlagen ist, der muss es ja doch allerhandgreiflichst merken, was Du damit angedeutet hast. Ich wenigstens habe Dich ganz klar verstanden, und es wird das wohl bei vielen der Fall sein.“

Sagten auch nahezu alle, die hier zugegen waren, dass sie das Gesagte wohl verstanden hätten.

J.L., Großes Evangelium Johannes, Band 6, Kap. 242

Die Folgen der falschen Vorstellung vom Jenseits. Begründung der Schriftgelehrtheit und des toten Glaubens (ohne Liebe), warum es aus der Hölle angeblich keine Errettung mehr geben soll

Nach den drei Gleichnissen JESU von der Liebe und Barmehrzigkeit Gottes: (Lukas 15)

Nur die Pharisäer waren noch nicht einig, und der Schriftgelehrte sagte: „Diese Sache klingt freilich ganz hoffnungsvoll; aber sie stimmt mit dem Begriff einer gegenüberstehenden ewigen Belohnung nicht zusammen. Denn so der gute Mensch für seine guten Handlungen, für seine Geduld in Schmerzen und Leiden aller Art und Gattung mit einer jenseitigen, ewigen Belohnung entschädigt wird, so sollte auch der im steten Wohlleben auf dieser Welt stehende Übeltäter ewig bestraft werden.

Und würde man den Menschen verkünden, dass am Ende auch noch aus der Hölle eine Erlösung möglich ist, dann wird es noch mehr Übeltäter auf der Erde geben! Jetzt hält doch noch die Furcht vor den ewigen Strafen in der Hölle gar viele Menschen von bösen Handlungen ab, und die Hoffnung zur Erreichung der ewigen Glückseligkeit treibt die Menschen zum Guten an! Nehmen wir aber das an, dass auch die Verdammten noch eine etwaige Aussicht haben, einmal selig zu werden, dann werden sich auch die Guten mehr und mehr zu ihnen kehren, und das reine Gute wird auf der Erde bald so selten werden wie die Diamanten. Es ist das für ein weiches Herz wohl sehr trostreich, - aber das Gefühl der Gerechtigkeit geht dabei unter! Das ist so meine ganz gerade Meinung."

Sagte Ich (Jesus): „Für dich mag sie ja sehr gerade sein, für Mich aber ist sie sehr krumm! Wenn du glaubst, dass entweder die Hölle oder der Himmel als Beweggründe dienen sollen, durch die die Menschen vom Bösen abgehalten und zum Guten hingeleitet werden sollen, so bist du noch von einem ganz grundfalschen Glauben erfüllt; denn der ganz schlechte Mensch lacht über deine Hölle und über deinen Himmel, und der ganz Gute ist gut auch ohne deine Hölle und ohne deinen Himmel. Denn die Hölle und der Himmel, so wie du dir die Sache vorstellst, sind erst recht geeignet, jeden Menschen so schlecht wie nur immer möglich zu machen.

Denn wer das Gute nur des Lohnes wegen tut, der leiht sein Geld auf hohe Zinsen aus, und wer das tut, der hat keine Nächstenliebe, und noch weniger eine Liebe zu Gott. Denn wer seinen Nächsten nicht liebt, den er sieht, wie kann der wohl Gott lieben, den er nicht sieht?

Nehmen wir aber den Himmel und die Hölle weg und sehen uns nachher deine frommen Menschen an! Die werden noch ärger zu wüten und zu toben anfangen als ein groß-gewinnsüchtiger Makler, dem sein Schuldner mit dem geliehenen Gelde durchgegangen ist; und weil sie keine Höllenstrafen mehr zu befürchten haben, so werden solche Menschen dann nur durch die sanktionierten Weltgesetze zu bändigen sein.

Es ist also schon im Anfang von den Menschen dahin schlecht gehandelt gewesen, dass die Alten ihren Kindern die Hölle so heiß als möglich machten und den Himmel mit allen Farben des Lichtes und mit allen den Menschensinnen frönenden Annehmlichkeiten ausmalten. Dadurch bewirkten sie wohl eine Art Gottesfurcht, die aber wegen der gar zu leicht erreichbaren Hölle und wegen des zu schwer zu gewinnenden Himmels nie in eine wahre Liebe zu Gott und dem Nächsten überging, sondern bei den schwächeren Gemütern in eine stets größere Furcht ausartete und bei den stärkeren Gemütern von mehr inneren Lichtes in eine volle Gleichgültigkeit gegen Gott und gegen die Nebenmenschen überging. Denn diese stärkeren Menschen glaubten für sich gar nichts, doch machten sie die Sache pro forma mit, um das gemeine Volk bei dem Glauben zu erhalten, auf dass es sich nicht wider die empöre, für die es arbeiten musste, damit sich diese für den verlorenen Glauben an Gott, Himmel und Hölle auf der Welt einen Himmel non plus ultra bereiten konnten.

Die weitere Folge davon aber ist die nunmalige beinahe gänzliche Gottlosigkeit unter den Menschen, die schon lange in der größten Wut gegen die Herrenmenschen aufgestanden wären und sie sehr tatsächlich gefragt hätten, aus welchem Grund sie ihnen dienen und untertänig sein müssen, wenn nicht die weltlichen Gesetze Roms sie mit dem Schwert davon abgehalten hätten.

Siehe, das alles ist eine Folge von solchem Gerechtigkeitsgefühl in der Menschen Seelen, die allzeit gleich dir mit den schärfsten Worten den Menschen predigten, dass Gott zwar die Guten im Himmel ewig belohne, aber infolge Seiner unerbittlichen Gerechtigkeit die Bösen auch ewig in der aller-schrecklichsten Hölle mit den unerhörtesten Martern ewig ohne alle Linderung strafe!

O ihr Narren! Gibt es wohl einen Vater von nur einiger Liebe zu seinen Kindern, der ein Kind, das gegen sein Gebot einen Fehler beging, auf lebenslänglich in einen Kerker werfen ließe und es dazu noch züchtigen lassen möchte alle Tage, solange es lebt?! Wenn aber das ein menschlicher Vater nicht tun wird, der im Grunde als Mensch doch schlecht ist, um wieviel weniger wird dass der Vater im Himmel tun, der die ewige und purste Liebe und Güte Selbst ist!

Oder denke dir nur auf der Erde einen wahrhaft weisen und sehr verstandesvollen Menschen! Wird der je eine ewig währende Bestrafung an einem Sünder billigen können, oder wird er jemandem eine solche Strafe zuerkennen? Sicher nicht, - und der höchst weise Gott um so weniger

Ich sage euch aber, dass in der Folge unter Meinen wahren Nachfolgern gar keine auch nur zeitlichen Strafen bestehen sollen, obschon es bisher hieß: Leben um Leben, Auge um Auge und Zahn um Zahn, - sondern so dir jemand einen Backenstreich versetzt, so gib ihm nicht wieder einen zurück, sondern halte ihm noch die andere Wange hin, dass er dir noch einen Streich geben möge, so er sonst mit dir nicht im Frieden sein kann, auf dass dann Friede und Einigkeit zwischen euch sei! So dir jemand ein Auge ausgeschlagen hätte, so tue ihm nicht auch dasselbe, sondern vergib ihm, und du wirst als ein Leidender bessern sein Herz. Vergeltet nimmerdar Böses mit Bösem, so werdet ihr als Meine wahrhaften Jünger Ruhe haben in der Welt und auch eben dadurch zeigen, dass ihr wahrhaft Meine Jünger seid!“

J.L., Großes Evangelium Johannes, Band 6, Kap. 243

Kundgaben zum überaus wichtigen Verständnis zur "Versöhnung"

Lesen wir im Folgenden noch einige weitere wichtige Kundgaben, gegeben vom Herrn Selbst, aus den Neuoffenbarungen (der Wiederkunft Christi im Wort, gem. Joh.Offb.14,6 und Joh.16,12-14) zum überaus wichtigen Verständnis zur "Versöhnung":

"Mein Kreuzestod wird zwar noch in der Kirche als Hauptakt Meiner Liebe dargestellt, aber daneben wird derselbe sogleich zu aller natürlichen Bequemlichkeit ausgebeutet, weil er die Versöhnung zwischen Mir und dem Vater bewirkt hat, und somit die Menschen freispricht von aller Schuld und von aller Versäumnis (!?), darum darf sich die Seele - nach dieser Auffassung - ganz dem Materiellen zuwenden, und braucht sich nicht zu bestreben - mit dem Geiste eins zu werden! - Oh Kinder, seht welch große Ver(w)irrung solcher Glaube schon angerichtet hat, wie Ich dadurch soviel umsonst gelitten und geduldet habe, und wie Mein Leiden und Mein Trauern um die Erdenkinder noch immer fortbesteht! Ich muss warten, bis Ich durch

Mein sanftes Eingreifen nur erst wieder Einzelne auf Meine Seite gewinne, damit Ich durch diese abermals einige Weitere anziehen lassen kann."

Aus: J.La., Vaterbriefe, Band 2, 332

"An jenem Ostermorgen bin Ich in das Allerheiligste des Himmels eingegangen als euer Hohepriester. Ich ging in die höchsten Himmel zum Vater. Das heißt: Ich bin als Hohepriester zur Ewigen Liebe gegangen um euch die Versöhnung, den Frieden zu bringen. Philippus bat Mich einst: Zeige uns den Vater. (Joh. 14,8). Meine Antwort gilt auch euch: „Wer Mich sieht, der sieht den Vater.“ Ich ging in die höchsten Himmel. Das heißt: Ich vereinte Mich mit der Ewigen Liebe - dem Vater - und mit seiner schöpferischen Willenskraft, dem Heiligen Geist. Für jedes liebende Gotteskind ist das Geheimnis enthüllt: Die reine Jesus-Seele, der Sohn und Hohepriester ist im Auferstehungsleib eins geworden mit dem heiligen Gott, mit dem Vater. Das ist die Einheit: Vater, Sohn und Heiliger Geist sind eins.

O Meine Kinder, schenkt Mir eure ganze Liebe, auf dass ihr hier schon erfassen könnt, was Ich für euch getan habe. *Nur ein liebendes Herz* ahnt, - was Ich schon durch Jesaja weissagen ließ - wie groß Meine Liebe zu euch ist. Der Prophet verkündete: „Fürwahr Er trug unsere Krankheiten und lud auf sich unsere Schmerzen. - Um unserer Sünden willen ist Er zerschlagen. - Durch seine Wunden sind wir geheilt.“ Ich versöhnte euch mit Gott."

"Meine Liebe geht heute noch zu den Gefallenen. Ich lasse 99 Gerechte und suche das Verirrte, das Kranke, das Gefallene, um es zu retten und heimzubringen ins Vaterhaus. Überall, wo Menschen leiden, bin Ich bereit zu helfen und zu erlösen von dem Übel. Mein Kreuzestod, der Sieg der Ewigen Liebe, brachte die Erlösung für alles Gefallene. Die Versöhnung ist geschehen. Der Heiligungsfriede ist für alle da, die ihn annehmen, für alle, die eintreten in das Reich Gottes im Herzen. Meine Kinder, Ich habe euch viel Liebe und damit viel Erkenntnis gegeben. Durch Mein Liebesopfer brachte Ich euch den Sieg. Ich gab Mein Fleisch und Blut für die ganze Welt, für alle Wesen in der Unendlichkeit, hin."

"Dies alles bedeutet euch Ostern: Die herrliche Versöhnung der Menschen mit Gott. Die Fähigkeit, die geistigen Gaben in euch aufzunehmen, um dann ein Leben mit Mir, eurem Gott und Vater, zu führen. Mein wunderbarer Friede, den die Welt nie haben kann. Ich hauche die Welt nicht an, sondern Meine Kinder.

Dieses habt ihr der Welt voraus: Meine Vaterliebe befähigt euch Mein Licht der Wahrheit in euch aufzunehmen. Nur das Herz, in dem Mein Heiliger Geist wirkt, kann Mein Licht aufnehmen. Deshalb wurden Meine Jünger durch Meinen Heiligen Geist Meine Erlösten. Wenn die Kritiker euch fragen: Wo sind die Erlösten? Dann antwortet ihnen: Alle diejenigen, welche von der Kraft des Heiligen Geistes erfüllt sind, das sind die Erlösten. Ich, der Herr, rüste sie aus mit Meinem Heiligen Geiste. Noch sind sie - bis auf wenige Ausnahmen - der Öffentlichkeit verborgen. Aber sehr bald wird ihre Wirksamkeit allgemein bekannt. - Bleibt in Mir, Meine Kinder. Lasst Mich in euch wirken. Dann vergeistigt sich auch euer Leib und ihr habt die Antwort über die Entrückung, die manchen von euch noch unklar ist. Weißt du, Mein Sohn, (G.) was der Heilige Geist vermag? Nein. Denn wüsstest du es, dann wäre dir die Entrückung vollkommen klar."

Aus: J.He., Buch 2, 66

"Gottes Wort ist wahr. Christus ist wahrhaft auferstanden. Somit habt ihr den Sieg und die Versöhnung mit Gott. Alle Folgen des Sündenfalls sind von Mir beseitigt. Ihr seid Meine geliebten Söhne und Töchter, an denen sich Meine Vaterliebe, Meine göttliche Güte, Meine Gnade, offenbaren kann. Tretet ein in euer Himmelreich. Nehmt Meinen Sieg, die vollbrachte Erlösung, an. Dann habt ihr Meinen wunderbaren Heiligungsfrieden in euch."

Aus: J.La., Vaterbriefe, Band 2, 332

"Es ist bei Manchem, der diese Worte liest, welche Ich euch Selbst zukommen lasse, ein Stein des Anstoßes, dass Ich in so herablassender Weise mit Meinen Kindern verkehre. Diese Zweifler können aber keinen eigentlichen Beweis liefern, warum solches unmöglich sei, sondern es ist ihnen eben zur Gewohnheit geworden, das als ihren wahren Glauben zu betrachten, was ihnen in der Schule (und Kirche) eingelernt wurde, und wobei sie seither so bequem leben konnten, mit der Entschuldigung, dass sie sich eben auf die Versöhnung verlassen, weil es nicht möglich sei, durch Werke selig zu werden.

Sie haben zum Teil Recht, denn diese Werke, von welchen sie glauben, sie müssten Mich versöhnen, haben keinen Wert vor Meinen Augen, weil es meistens materielle Opfer sind, woran das Herz und die Liebe nicht teilgenommen haben, sondern wo die Triebfeder dazu "Spekulation" genannt werden kann. So scheint solchen Seelen die Aufgabe zu groß, mit Mir als dem heiligen und liebevollsten Gott sich mehr in Verkehr zu setzen; sie sind oft zu ängstlich dabei und sagen: Es könne in der Heiligen Schrift kein Beweis dafür gefunden werden, während es dort deren viele gibt, und einem wahrhaft Suchenden bald solche Stellen klar werden, die darauf hinweisen, wie Ich immer wieder auf wunderbare Weise Mich und Meine Allmacht den Menschen kund gab"

Aus: J.La., Vaterbriefe, Band 2, 352

"Abel opferte Mir das unschuldige Blut der Tiere. Er glaubte Mir und führte im Glauben aus ohne zu verstehen und zu ahnen, dass dieses Opferblut ein Vorakt war zur Versöhnung, welche später geschah durch Mein Jesusblut. Schon viele Beispiele des Glaubens habe Ich euch gegeben."

"Wenn Ich zu euch sagte: Ihr sollt nicht nur an Meinen Namen Jesus glauben, ihr sollt glauben wie Ich als Menschensohn geglaubt habe, so liegt der Unterschied darin, wie in mein und dein. Glaubt ihr an den Namen Jesus, so ist das euer Glaube. Doch Ich fordere mehr: ihr sollt Meinen Glauben haben, den Glauben, den Ich als Menschensohn Jesus hatte. Diesen Glauben besitzt ihr nur, wenn Ich in euch erstanden bin, wenn Mein Blut in euch fließt, wenn Ich, der Christus, in euch wohne. Zu diesem Glauben möchte Ich euch führen, dass ihr euch Mir ganz hingebt in all euren Drangsalen. Ich bin euer Leben, Ich möchte ganz in euch sein. Meine Kinder, allezeit sollt ihr in der Liebe bleiben. Der Böse wird stets versuchen zu stören und euch veranlassen, lieblos zu werden und euch abwenden von dem, was euch Not tut."

Aus: J.He., Buch 2, 46

„Schon in Meinem Erdenwandel waren die Menschen und Jünger, die Mich umgaben, unklar über

Meine Persönlichkeit; denn die Wirkung Meiner Worte und der ausgeführten Wunder beeindruckte die Menschen, dass Ich der wahrhaftige Gott sein müsse, und doch auf der andern Seite war der Begriff von ihrem Jehova ein so entgegengesetzter zu der herablassenden Liebe (in Mir als Jesus), der wie ein Bruder mit ihnen verkehrte, dass sie meinten ihren Gott zu entwürdigen, wenn sie dieser inneren Überzeugung mehr Gehör geben würden.

Darum konnte Ich Mich auch (hierüber) nicht so deutlich aussprechen, wie „Ich bin euer Gott und Vater", sondern Ich durfte nur nähere Winke darüber geben, welche ihre Ahnungen bestätigen sollten. Diese inneren Ahnungen rühren von der nahen Verwandtschaft des Geistes (im Menschen mit Mir) her, welcher als Abkömmling von Mir fühlt, dass Ich sein Schöpfer und Vater bin, und der dann bei dahin zielenden Worten oder Taten in diesem Gefühl noch mehr bestärkt wird. Fehlen aber diese (Gefühlsahnungen) bei ihm, so bleibt er unempfindlich und gleichgültig; denn er ist von dem Einfluss und von der Anregung abhängig. Darum Ich auch stets sorge, dass ein jeder Geist dieselben in reichem Maße erhält, und es ist die

Gnade, welche solches ausführt, durch Meinen göttlichen Geist, welcher sich in Verbindung mit dem menschlichen Geist setzt.

Zuerst näherte Gott Sich den Menschen in der Schöpfung; dann erschien Er einzelnen Menschen, welche Er zur Vermittlung erwählte, bald auf diese, bald auf jene Weise für kurze Zeit, wie z.B. Adam, Henoch, Abraham, Moses und den Propheten. Als aber die Menschen vorbereitet waren, *ihren Gott dem Geiste nach zu erkennen*, da nahm Ich (in Jesus) auf längere Zeit die menschliche Form an, um persönlich sie belehren zu können, und deshalb musste Ich Meine Gottheit unter einem anderen Namen (als Sohn) verbergen, damit sie in ihrer geistigen Freiheit nicht beeinträchtigt wurden, und nur Einzelnen wurde es zu Teil, Mich klar (als den einzigen Gott) zu erkennen.

Meine Auferstehung gab indessen über die Winke, welche in Meiner Lehre darauf hinwiesen, auch viel Aufschluss; doch dem Einfluss der Verstandes-Vernunft und Meinen Gegnern gegenüber sind dieselben noch für Viele ein Ärgernis, und hauptsächlich den Volks-Leitern selbst, weil eben ihr Vermittler-Amt zwischen Mir und den Seelen keinen Wert mehr hätte.

Darum sucht der Eigennutz und der Ehrgeiz derselben diese Meine Worte und Winke gerne in ein Geheimnis zu stellen, und den Menschen zum blinden Glauben zuzusprechen, welcher aber so wenig Früchte tragen kann, als die Spreu, aus welcher der Kern ausgedroschen ist.

Darum muss Ich eben die falsche Anschauung und die irrige Lehre von der Versöhnung durch Jesum immer noch dulden, um doch auch aus diesen Seelen, welche dadurch zu Mir kommen, noch wahre Kinder zu erziehen, durch kräftiges Einwirken auf dieselben durch die Liebe. Dieser Weg ist zwar ein längerer und mühsamerer; aber er führt doch auch zum Ziele; denn wo die Liebe zu Mir vorhanden ist, da kann Ich beeinflussen. Freilich muss dieses auf vielerlei Weise geschehen; doch es muss also vollendet werden das Wort der Verheißung: „Es wird Ein Hirte und Eine Herde sein!“

So lange es aber noch viele Herden gibt, wird auch Ein Hirte nicht anerkannt; darum muss der Glaube an (und die Liebe zum) Einen Hirten zu der Vereinigung mit beitragen!“

J.La., Vaterbriefe, Band 3, 401

"Auch ihr wandert durch die Wüste des Glaubenskampfes. Ihr erlebt Kampf und Sieg. Niederlage und wieder Sieg. Aber es ist kein bleibender Zustand für Meine Kinder. Ich führe euch in das Land Kanaan. Eure Wüstenwanderung hat den Segen, dass ihr euch im Siegesleben des Glaubens bewährt. Das Siegesleben ist gleich dem Versöhnungsfrieden mit Gott.

Über dem Siegesleben aber steht das Überwinderleben. Über dem Versöhnungsfrieden ist der Heiligungsfrieden.

Ich verheiße euch den Heiligungsfrieden. Doch zuvor müsst ihr den Versöhnungsfrieden haben. Im Heiligungsfrieden habt ihr überwunden und ruht in Mir. Da ist aller Glaubenskampf zu Ende.

Das ist das Leben der Überwinder. Wie kommt ihr nun zu diesem Überwinderleben? Meine Kinder, alles Leben ist ein Wachstum. Ihr sollt euch nur Mir hingeben mit liebendem Herzen im Glauben und Vertrauen. Alles andere bewirkt Mein Heiliger Geist. Das sage Ich euch immer wieder, denn ihr kommt nicht durch mit eurer eigenen Gerechtigkeit.

Die vollbrachte Erlösung, Mein Opfertod, scheidet euch von eurem eigenen Ich. Es ist vollbracht. Einmalig und für immer durch Meinen Tod am Kreuz und Meinen Auferstehungs-Sieg. Wer Mein unschuldig vergossenes Blut annimmt, der hat ewiges Leben und ist geschieden vom alten Ich. Dieses Blut reinigt euch und heiligt euch. Dieses Blut macht euch so stark, dass ihr die Siege schon in euch habt. Dieses Blut befähigt euch zum Überwinderleben.

Wer Mein Blut, den Geist opfernder Liebe, annimmt, ist somit geschieden vom eigenen Ich. Meine Kinder, ihr habt Mein Blut noch nicht ganz in euch aufgenommen. Mein kostbares Blut, das Ich für euch hingegeben habe zur Versöhnung und zur Heiligung. Ich sehe, ihr kommt noch nicht in das Überwinderleben hinein. Ihr haltet euch noch im Glaubenskampf auf. Dieser Zustand gleicht der Wüste. Damit sollt ihr euch nicht zufrieden geben. Es ist nicht richtig, wenn ihr meint bis zum letzten Atemzug hier auf Erden müsste Kampf und Sieg sein. Nein. Ich verheiße euch heute:

Wer in Mir überwunden hat, kämpft nicht mehr. Wer in Mir überwunden hat, ruht in Mir. Wer in Mir überwunden hat, bleibt in Meiner Liebe und hat ewiges Leben. Dieses Ruhen in Mir braucht ihr nur hinnehmen durch den Glauben *und durch die Liebe zu Mir.* Ohne euer Einverständnis kann Ich nicht Wohnung in euch nehmen. Ich verlange keinen Blindglauben. Meine Kinder sollen den Glauben haben, den Ich als Menschensohn Jesus vorlebte und ausübte."

Aus: J.He., Buch 2, 57

"Viele haben gar keinen (richtigen) Begriff von Seligkeit, sondern glauben, diese bestehe darin, dass alle Wünsche nach dem Tode befriedigt werden, während doch dieselben oft mit allem Recht in die untere Hölle gehören, weil sie oft einen unerbittlichen Hass in sich tragen, und also um Rache bitten. Solche Seelen freuen sich über das traurige Schicksal anderer, und wollen dann (doch dabei) mit einem Ruck in den Himmel eingehen, um dort selig leben zu können, während sie doch selbst alle Störungen am Frieden in sich tragen.

Für solche sind die verschiedenen Glaubens-Ansichten nur ein Deckmantel; denn sie ziehen alle Stellen aus der Heiligen Schrift hervor, welche sie passend finden, um ihre angewöhnten Leidenschaften zu entschuldigen, hauptsächlich wird die (kirchliche)

Versöhnungslehre ganz zu ihrem Vorteil angenommen und gedeutet.

Würden die Menschen bedenken, dass die Versöhnung dazu geschah, damit Ich als Gott wieder mit den Menschen verkehren kann, so müsste die erste und ernsteste Frage sich ihnen aufdrängen: "Wie weit verkehrst denn du mit deinem Gott", und viele müssten dann einsehen, dass, anstatt eine Annäherung an Mich zu suchen, sie lieber Mich in den aller obersten Himmel wünschen, und sich damit entschuldigen, dass sie nicht würdig genug seien, Mir gegenüber es zu wagen und zu glauben, dass Ich, als der Allgegenwärtige, stets bereit bin, Mich mit ihnen zu unterreden und mit ihnen zu verkehren.

Viele, welche nicht gewohnt sind selbst zu suchen, folgen blindlings der Vorschrift solcher Lehrer, die Mich so weit als möglich und so unnahbar als möglich verkünden, damit ihr Mittleramt desto gewichtiger in die Wage fällt."

J.La., Vaterbriefe, Band 2, 248

"Nehmt Meine Strahlen des Lichts und des Heils entgegen. Ich sende sie allezeit zu euch. Ich belehre euch und führe euch tiefer hinein in Meine Gotteserkenntnis, in Meine Führungen und Planung, damit das Licht noch heller in euch scheine. Ich beginne im „Alten Bund“ und ende im „Neuen Bund“.

Adams Ungehorsam war die Ursache von Sünde und Krankheit. Ich, euer Jesus, brachte euch das „Neue Leben“, die „Neue Schöpfung“. Lasst euch von Mir einführen in Mein „Geistiges Reich“.

Wie Ich euch verheißen habe will Ich euch heute mehr geistiges Licht geben über Meinen Ausspruch: „Wer Mein Fleisch isst und Mein Blut trinkt“. Ihr wisst: Des Leibes Leben ist in seinem Blute. Als Kain seinen Bruder Abel erschlug, schrie das vergossene Blut, das Leben, zu Mir. So begann Ich schon im „Alten Bunde“ mit der Versöhnung.

Durch Moses gebot Ich den Israeliten kein Tierblut zu sich zu nehmen, denn es würde ein Herabsinken ins Tierreich bedeuten. In Meinem Gottesplan war schon damals das Erlöserblut Jesu Christi einbezogen. Das Blut, als Träger des Lebens ist heilig. Das Opfern der Tiere im Tempel des „Alten Bundes“ entsprach den Menschen der damaligen Zeit, bedeutete aber schon eine Vorbereitung auf die Lehre Meiner Erlösung durch Mein Blut.

Als Jesus Christus wandelte Ich auf eurer Erde und sprach damals zu Meinen Jüngern: „Wer nicht Mein Fleisch isst und Mein Blut trinkt, hat nicht das ewige Leben. Denn ewiges Leben ist nur in Meinem Blut.“ Mein heiliges Blut wurde vergossen für alle, die Mich annahmen und für alle, die Mich heute noch annehmen und für alle, die Mich in der Ewigkeit noch annehmen werden."

Aus: J.He., Buch 2, 42

"Wohl dem, der Meine Stimme im Herzen hört. Sie wird ihn demütig halten und bewahren vor dem Bösen, vor dem Fall. Übertönt nicht die Stimme des Gewissens mit Entschuldigung, sondern hört und befolgt die Stimme eures Herzens. Das ist ja das Traurige, dass viele Menschen nicht auf die Gewissensstimme hören. Ich, Jesus, brachte für die ganze Menschheit Mein Liebesopfer am Kreuz zur Vergebung ihrer Sünden - und sie nehmen Mich nicht an. Sie glauben nicht an die Kraft Meines Blutes, das sie frei macht von den Gebundenheiten Satans. Sie gehen vorüber und erkennen nicht: Ich, Jesus, nahm alle ihre

Sünden auf Mich, damit Ich kein Weltgericht über sie halten muss.

Meine göttliche Liebe bietet sich immer wieder den Menschen an: Nehmt Mich auf in eurem Herzen, auf dass ihr Frieden habt und die Gewissheit des ewigen Lebens in Herrlichkeit und die Freude. Ihr dürft Mich schauen von Angesicht. Wer aber Mein Blut der Versöhnung, Mein heiliges Opfer für die Sünden der Welt mit Füßen tritt und in seinen Sünden bleibt, wird dem Gericht und dem Zorn der gerechten Gottheit anheimfallen (weil die ewige, unwandelbare Ordnung erhalten bleiben muss, d. Hg.).

Die Menschen sollen erkennen: Wer Mich nicht als Erlöser annimmt, wird Mich als Richter haben müssen und zwar sehr bald. Ich, der Christus, richte gerecht alle Menschen, auch euch, Meine Kinder. Der Unterschied besteht darin: Weil ihr Mich liebt, Mich in euer Herz aufgenommen habt, besitzt ihr Meine Vergebung durch Mein Blut und könnt Mich immerwährend demütigen Herzens erfassen als euren Erlöser."

Aus: J.He., Buch 3, 104

"Würde die jetzige Christenheit mit Liebe und eifrigem Bemühen, Mich im wahren Licht zu erfassen, die Bibel lesen, dann könnte unmöglich so vielerlei Auslegung dabei vorkommen, sondern Mein Geist würde alle in die Wahrheit leiten; allein der Verdrehung der Bibelworte wird gerne gehuldigt, weil sie so dem natürlichen Menschen angenehmer sind und ihm besser zusagen.

Überall werdet ihr in Meinen Worten finden, dass das "Tun des Willen Meines Vaters" mit verbunden sein muss, um die Rechte zu erhalten, welche Ich denen verheiße, welche Mich als vom Vater ausgehend erkennen. Nirgends in der Schrift steht geschrieben, dass zwischen Mir und dem Vater zwar eine Versöhnung stattfinden muss, um vereint zu werden... viele von den Unaufgeklärten verstehen es aber doch so, und meinen auch, Ich habe Mich mit dem Vater erst im Tode völlig vereint. Es heißt aber doch deutlich: "Ich und der Vater sind Eins", eins in der Liebe, in der Gerechtigkeit usw.

Die Lehre des Evangeliums ist immer noch verdunkelt durch menschliche Auslegungen, welche dem Volk gegeben werden, weil eigenliebige Interessen (die Herrsch- und Gewinnsucht) bei den jetzigen

Lehrern noch zu sehr mitwirken; darum kann Meine göttliche Wahrheit nur allein durch den Heiligen Geist ganz erlangt werden, Welcher bereit ist, Allen beizustehen, welche Mich wirklich erkennen und lieben möchten. Diese sollen das Verhältnis zwischen Vater und Kind lebendig in sich selbst erfahren, und es so weit bringen, dass auch sie sagen können: "ich und der Vater sind eins", oder ich bin mit des Vaters Willen einverstanden.

Immer habe Ich einige wahre Kinder auf Erden, die durch Beeinflussung von oben sich angetrieben fühlen, recht in Mich sich hinein zu leben; diese Beeinflussungen werden in der Jetztzeit sehr verstärkt, darum auch hier und dort an manchen Orten Ich solche Wahrheiten, die zur Annäherung an Mich geeignet sind, niederschreiben lasse, durch Meine Diener vom Jenseits.

Denn das Vertrauen der Menschen zu Mir Selbst ist (im Verhältnis Meiner Liebe zu ihnen) sehr klein; die Versöhnungslehre vom Kreuze ist für Viele zu unfassbar, und wenn sie gleich in der Angst ihres Herzens dieselbe ergreifen, und Meine Gnade ihnen diesen Trost zukommen lässt, so führt es doch zu keiner Freudigkeit, mit Mir als dem Vater zu verkehren, sondern erzeugt immer wieder Furcht. Darum, liebe Kinder, ist es von so großem Wert, dass der Heilige Geist in euch das wahre Licht anzünde, bittet um denselben anhaltend, damit Vater, Sohn und Geist in euch aufgenommen, geehrt und geliebt werden kann."

Aus: J.La., Vaterbriefe, Band 1, 177

„Mein Blut floss zur Versöhnung; nicht aber dieselbe erst herzuführen, sondern die Liebe floss aus den Wunden; denn sie wollte nicht allein in ihrer Allmacht lieben und nur Gott sein, sondern sie wollte in der größten Demut Opfer bringen; deshalb verleugnete sie sich selbst in ihrem göttlichen Standpunkte, und nahm Menschliches an.

Alle Beschwerden und Leiden, welche die menschliche Natur in sich trägt, wollte sie gleichfalls mit ihren geschaffenen Kindern teilen, damit diese einst alle Freuden mit Mir, als ihrem Vater, teilen sollten! Daher Ich Selbst ihnen Lehre, Trost und Rat gab, wie sie zu solchen Freuden gelangen können."

Aus: J.La., Vaterbriefe, Band 2, 359

Der Dienst der Versöhnung:

11 In dem Bewusstsein, dass der Herr zu fürchten ist, suchen wir daher die Menschen zu überzeugen, Gott aber sind wir offenbar; ich hoffe aber auch in eurem Gewissen offenbar zu sein. 12 Denn wir empfehlen uns nicht nochmals selbst euch gegenüber, sondern wir geben euch Gelegenheit, euch unsretwegen zu rühmen, damit ihr es denen entgegenhalten könnt, die sich des Äußeren rühmen, aber nicht des Herzens. 13 Denn wenn wir je außer uns waren, so waren wir es für Gott; wenn wir besonnen sind, so sind wir es für euch. 14 Denn die Liebe des Christus drängt uns, da wir von diesem überzeugt sind: Wenn einer für alle gestorben ist, so sind sie alle gestorben; 15 und er ist deshalb für alle gestorben, damit die, welche leben, nicht mehr für sich selbst leben, sondern für den, der für sie gestorben und auferstanden ist. 16 So kennen wir denn von nun an niemand mehr nach dem Fleisch; wenn wir aber auch Christus nach dem Fleisch gekannt haben, so kennen wir ihn doch nicht mehr so. 17 Darum: Ist jemand in Christus, so ist er eine neue Schöpfung; das Alte ist vergangen; siehe, es ist alles neu geworden! 18 Das alles aber [kommt] von Gott, der uns mit sich selbst versöhnt hat durch Jesus Christus und

uns den Dienst der Versöhnung gegeben hat; 19
weil nämlich Gott in Christus war und die Welt
mit sich selbst versöhnte, indem er ihnen ihre
Sünden nicht anrechnete und das Wort der Versöhnung in uns legte. 20 So sind wir nun Bot-
schafter für Christus, und zwar so, dass Gott
selbst durch uns ermahnt; so bitten wir nun stell-
vertretend für Christus: Lasst euch versöhnen
mit Gott! 21 Denn er hat den, der von keiner
Sünde wusste, für uns zur Sünde gemacht, damit
wir in ihm [zur] Gerechtigkeit Gottes würden.
(2. Brief des Paulus an die Korinther, Kapitel 5)

„Was Ich vor Äonen von Zeiträumen beschloss und vor mehr als tausend Jahren begonnen habe, das nähert sich jetzt der Vollendung. Meine Religionslehre, Mein Wort, das mit keinem besseren vertauscht werden kann – es mögen die Menschen noch so grübeln und denken –, Meine Liebelehre muss zur allgemeinen Geltung gelangen! Es muss die Liebe allein regieren, und alle Leidenschaften des menschlichen Herzens, die nur darum von Mir in dasselbe gelegt wurden, um durch Kampf gegen sie die Liebe zu verdienen und zu erringen, alle diese Leidenschaften des menschlichen Herzens müssen beherrscht zu den Füßen des Altars der Liebe liegen.

Hass, Rache, Stolz und wie sie alle heißen, diese mächtigen Triebe des Bösen im Menschen, müssen alle zum Schweigen gebracht werden. Das Kreuz, auf welchem Ich einst angenagelt für die verirrte Menschheit um Verzeihung bat, muss als Symbol der Versöhnung von jedem geliebt, geehrt und im Prüfungsfall selbst getragen werden, zur Erinnerung an den Weg, den Ich gezeigt, und der den Menschen allein zur geistigen Höhe führen kann."

Aus: G.M., Predigten des Herrn, Band 1, Kap. 5, 14

„Ich habe es vollbracht das Werk der Sühne, der Liebe, der Verzeihung. Gereinigt ist die Welt von allen unreinen Schlacken des Eigennutzes, und wenn auch Drangsale und Unglücksfälle die irdischen Körper der Menschen zerstören, – dem Geist- und Seelenmenschen können sie nichts anhaben. Er steht hoch erhaben über den Trümmern der Welt, seine Arme ausbreitend nach dem göttlichen Retter, der – wie einst dort – allen zurufen wird: Kommt her, ihr alle, die ihr beladen seid, auf dass Ich euch eure Last abnehme und euch erquicke! Kommt her, ihr Kämpfer für Liebe und Weisheit, euch sei die Krone des Lebens, euch seien die Schranken der Geisterwelt geöffnet, damit ihr sehen möget, wie die Engelscharen wieder frohlocken und Loblieder singen dem Herrn, dem Vater, mit den nämlichen Worten wie einst: „Ehre sei Gott in der Höhe und Friede den Menschen auf Erden!“ Denn Er kam in Sein Eigentum, und Seine Kinder haben Ihn erkannt.“

Aus: G.M., Predigten des Herrn, Band 1, Kap. 5, 21

„Ich rede zu jedem Herzen, das für Meine Liebe geöffnet ist. Ihr habt nun wieder Zugang zu Meinem Vaterherzen. Durch Mein Opfer auf Golgatha stellte Ich das paradiesische Verhältnis wieder her. In eurem Herzen habt ihr nun eine innige Liebes- und Lebensgemeinschaft mit Mir, eurem himmlischen Vater.

Abels Blut schrie nach Rache. Mein Jesusblut redet von Barmherzigkeit, Gnade und Liebe. Mein Jesusblut bringt jedem reuigen Sünder Versöhnung, Reinigung und den Sieg über Sünde und Satan. Nur durch Mein Blut allein kann Satan überwunden werden. Ihr sprecht zu Mir: „Vater, hier hast Du meine Sünden.“ Und Ich antworte euch: „Mein Liebestod deckt eure Blöße, euer Schuldbewusstsein und bringt euch Meine

Gerechtigkeit. Mein Liebestod deckt eure Blöße und schenkt euch Heiligung, Reinheit des Herzens. Ihr seid nun Mein Eigentum.

Das soll euch wieder bewusst werden. In dieser Endzeit, in der Satan die Menschen gefangen nimmt und verwirrt, sollt ihr erkennen, wessen Kinder ihr seid. Meine Kinder seid ihr, erkauft von Meinem heiligen, teuren Blute. Erkennt, dass ihr frei seid von den Gebundenheiten Satans. Ihr braucht Satan nicht mehr zu dienen. Erkennt, dass ihr Freie seid. Wahrlich, Ich sage euch: Haltet eure Herzen für Mich geöffnet. Nehmt die neue Schöpfung im Glauben an und bleibt in Mir, in der Freiheit eures Geistes. Eure Sünde brachte Mir - dem Menschensohn - den Tod. Mein Tod brachte euch ewiges Leben. Mein Tod ist euer Leben geworden."

Aus: J.He., Buch 2, 82

"Da kam ein Weib herein: Maria Magdalena. Sie kniete vor Mir nieder und weinte, weinte, weinte. Mit ihren Tränen gab sie Mir mehr als Simon, denn sie gab Mir sich selbst hin mit ihren Tränen.

Ich will, dass auch ihr euch mit euren Tränen Mir

hingebt. Mit euren Tränen, Ja, dass ihr einseht, wer ihr seid und wer Ich bin. Wie Ich Maria Magdalena durch ihre Glaubens- und Liebeshingabe ihre Sünden vergeben habe, mit derselben Jesusliebe sehe Ich auf die Tränen Meiner Überwinder.

Schenkt euch Mir mit euren Tränen. Ich sammle eure Tränen, auch die Tränen, von denen niemand etwas weiß, als nur Ich, euer Vater im Himmel. Die Tränen, die ihr hier auf Erden geweint, dürft ihr in Meinem Reich in Freudentränen verwandeln. - Es sind etliche, die in ihrem Herzen die bange Frage an Mich richten: Herr, sind wir denn bei Deiner Wiederkunft reif, dass wir Dir entgegen gehen können und dürfen? Wandeln wir in Deinem Lichte? Was müssen wir tun, damit wir umgewandelt werden können?

O Meine Kinder, Ich habe am Kreuz euch das Heil gebracht. Die Umwandlung ist nicht euer Verdienst. Erkennt es:

➔ *Ich in euch vollbringe die Neuschöpfung. Ihr braucht Mich nur zu lieben und eure Nächsten zu lieben*, dann dürft ihr gewiss sein, dass Ich euch zu Mir ziehe und euch umwandle. *Denn wo Liebe ist, da ist Verklärung*."

Aus: J.He., Buch 2, 45

Gnadenerlösung oder Selbstgestaltung? Zentrale Kundgaben aus der Neuoffenbarung

Jesus:

„Des Menschen Werk zu seinem Heile ist nur das, dass er aus Liebe und Ehrfurcht vor Gott den erkannten Willen Gottes völlig zu seinem eigenen Willen macht und danach handelt. Von da an wirkt der Wille Gottes alles Gute im Menschen, und so ist denn das Gute im Menschen ein Werk Gottes, was der gerechte, wahre Mensch in Demut anzuerkennen hat. Schreibt sich aber ein Mensch ein gutes Werk als sein eigenes Verdienst zu, so zeigt er dadurch, dass er weder sich noch Gott je wahrhaft erkannt hat und noch ferne vom Reich Gottes ist.“

[Ev. Bd. 8, Kap. 19, 3]

Der Herr: „Meine Gnade ist ein reicher Schatz; wem sie zuteil wird, der wird keinen Mangel haben an allem jemals, zeitlich und ewig. Daher soll sich jeder bemühen, sich diese ja zu eigen zu machen; Ich gebe sie jedem, der sie nur immer haben will (jetzt und in Ewigkeit)!

[H. Bd. 1, Kap. 4, 1]

Jesus: „Mehr kann der heilige Vater nicht tun, als dass er sich in Mir, Seinem Sohne, selbst leibhaftig offenbart, aus euch gerichteten Geschöpfen freieste Gotteskinder zeugt und euch Seine Freunde und Brüder nennt."

[Ev. Bd. 1, Kap. 83, 4]

Jesus zu Sarah, der Tochter des Jairus: „Um den willens-freigestellten Menschen die Selbsterkenntnis leichter zu machen, hat der Schöpfer zu allen Zeiten 0ffenbarungen, Gesetze und Lehren aus den Himmeln herab den Menschen gegeben und ist nun sogar im Fleisch selbst zur Erde gekommen."

[Ev. Bd. 2, Kap. 40, 16]

Der Erzengel Raphael: „Wenn ein Mensch frei aus sich ruft in seinem Herzen: ‚Herr, ich bin zu schwach, mir mit den von Dir dargereichten Mitteln zu helfen; hilf Du mir mit Deinem Arm!', — da hat der Mensch die höhere Hilfe begehrt mit dem eigenen Willen und aus der Erkenntnis der unzulänglichen eigenen Kraft. Da kann der Herr auch sogleich mit aller erforderlichen Macht einwirken und einer schwachen Seele helfen. Aber es muss dabei des Menschen Erkenntnis, Wille und Vertrauen von größter Entschiedenheit sein!"

[Ev. Bd. 5, Kap. 97, 7-8]

Jesus: „Die guten Werke nach dem Willen und Worte Gottes sind und bleiben, auch wenn der Mensch sie tut aus freier Selbstbestimmung — eine Gnade von oben, ein Verdienst des Geistes Gottes im Menschenherzen."

[Ev. Bd. 6, Kap. 10, 14]

Einigen Jüngern, die sich als „blinde Werkzeuge

Gottes“ verdienstlos und unwert fühlen, erwidert Jesus: „Ein blindes Werkzeug — etwa ein Webstuhl — hat keinen freien Willen, ihr aber habt einen solchen und könnt ganz frei tun, was ihr wollt. So ihr euch Meinem erkannten Willen frei unterwerft und danach handelt, so handelt ja nicht ihr selbst, sondern Mein Wille in euch, der allein gut und weise ist. Wie habt ihr dann ein Verdienst des Handelns wegen? — Aber wohl darin, dass ihr euren bösen Weltwillen Meinem allein guten Willen untergeordnet habt und dadurch mit Mir eins geworden seid mit Hilfe eures Glaubens. Wahrlich, Ich sage euch: Ohne Mich könnt ihr nichts Verdienstliches tun zum ewigen Leben! So ihr das anerkennt in euren Herzen, dann erst seid ihr Meine wahren Jünger — und noch mehr: dadurch seid ihr auch Meine rechten Brüder im Geiste Gottes!“

[Ev. Bd. 6, Kap. 143, 9-11]

Jesus zu Johannes und anderen reifen Jüngern: „Auch den Weltmenschen ist Gelegenheit gegeben, in die Reihen der Kinder Gottes zu treten, wenn sie das ernstlich wollen. Wollen sie es nicht, so habt ihr euch um sie dann nicht weiter zu kümmern. — Denn Ich bin nicht etwa gekommen, um die trotzige Welt von ihren alten Gerichtsfesseln zu erlösen, sondern nur, um Meine Kinder von der Welt und ihrem Gericht frei zu machen. Und wie Ich es nun tue, also werdet auch ihr und eure Nachfolger es tun. Was auf dieser Erde in und nach Meiner Ordnung zu lösen ist, das löst auch, und was ihr also lösen werdet, das wird auch bei Mir im Himmel gelöst sein. Was aber nicht zu lösen ist, das lasset gebunden, oder — so jemand eure Lösung nicht achtet — lasst ihn in seinen Fesseln — und wahrlich, er wird auch vor Mir gebunden sein und gar lange ein Sklave seines finsteren Weltwillens verbleiben!"

[Ev. Bd. 6, Kap. 151, 4-6]

Der Jüngling Jesus zu reichen, hochgestellten Römern: „Wer einmal ernstlich den Weg der Vergeistigung betreten hat, dem wird auch ohne sein Wissen von Gott aus geholfen, dass er weiter und endlich sicher ans Ziel kommt. Gott wird die Einung der Seele mit dem Geiste freilich nicht mit Seiner Allmacht erzwingen, aber Er wird des Menschen Herz stets mehr erleuchten und es erfüllen mit wahrer Weisheit aus den Himmeln !"

[Ev. Bd. 7, Kap. 223, 8-9]

Jesus: „Ich hebe das durch Moses gegebene Gesetz nicht auf, sondern gebe es euch in seiner ursprünglichen Reinheit wieder. Nur das alte ‚Muss' hebe Ich auf und gebe euch die volle Freiheit. Und darin besteht hauptsächlich das Werk der Erlösung eurer Seelen aus dem harten Joch des Gerichtes und Satans, des Fürsten der Finsternis, dass ihr von nun an in Meinem Namen unter keinem Mussgesetz mehr stehen sollt!"

[Ev. Bd. 8, Kap. 20, 15]

Abedam-Jehovas große Verheißung an Pura, einer Jungfrau aus der Tiefe: „Du, Mein Kindlein, sollst fürderhin nimmerdar weichen von Meiner Brust; du allein wirst Mich allzeit durch dein ganzes Erdenleben schauen und haben wie jetzt! Du sollst keines Mannes Weib werden eher als in der Zeit der Zeiten (als Jungfrau Maria), da du erfüllt wirst mit aller Macht der Liebe Meines unendlichen Geistes!"

[H. Bd. 2, Kap. 122, 24-25]

Kisehel, ein Erleuchteter der Urzeit: „Als ich meine

große Schuld vor Ihm, dem liebevollsten Vater, bekannt hatte, nachdem Er mir mit seiner endlosen Gnade und Erbarmung zuvorgekommen war, da ergriff mich der allerheiligste Vater mit Seinen allmächtigen Händen, richtete den Wurm im Staube vor sich auf, vergab ihm seine große Schuld gänzlich und erfüllte ihn dafür mit der Kraft des ewigen Lebens!“

[H. Bd. 2, Kap. 198, 24]

Der Herr in einer lichten Wolke zu dem reumütigen, gottsuchenden Erzmeister Thubalkain aus Hanoch: „Höre, Ich habe dein Herz angesehen und es gereinigt befunden. Darum sollst du auch erweckt werden für ewig aus deiner Nacht; und einen Geist aus Mir will Ich in dein Herz legen, dieser wird dich in alle Weisheit leiten!“

[H. Bd. 2, Kap. 194, 24]

Glaubensgerechte Christen, die auf Erden ein strenges, sehr reines Leben führten, werden von dem Evangelisten Markus über den höchsten Wert der demütigen Liebe zum himmlischen Vater belehrt und in den ewigen Morgen geleitet, nachdem sie sich als Sünder erkannt und vor dem göttlichen Vater gebeugt hatten.

[GS. Bd. 1, Kap. 44, 8-20, Kap. 45, 16-27, Kap. 46, 1-3]

Der Evangelist Markus zu einem ratlosen Prior im Jenseits: „Weißt du, was das alleinige Erlösungsmittel und somit auch die einzige Brücke vom Tode zum Leben ist? Blicke hin auf den Herrn! Was hat Ihn wohl bewogen, das gefallene Menschengeschlecht der Erde zu erlösen und somit jeglichem Bewohner der Erde eine ewig haltbare Brücke vom Tode zum Leben zu bauen? War es nicht Seine ewige, göttliche, barmherzige Vaterliebe? — So gehe denn hin zu deinen hinter der höllischen Kluft angst-bebenden Brüdern und baue ihnen eine himmlische Brücke aus dem Stoff der wahren Gottes- und barmherzigen Nächstenliebe!“

[GS. Bd. 1, Kap. 88, 9-14]

Der Herr: Wenn ein Mensch zu der inneren Ansicht kommt, dass er nichts ist und nichts vermag, sondern dass der Herr ist alles in allem, der Erste und der Letzte, dann erst gibt er sich dem Herrn freiwillig ganz hin, und der Herr ergreift ihn und führt ihn auf den gerechten Weg. Darum lege alle deine Liebe zu deinen

Brüdern und alle deine Sorge um sie vor die Füße des Herrn, umfasse diese mit Ihn über alles heiß liebendem Herzen, und du wirst dich sicher überzeugen, dass der Herr gerade da tätig zu werden beginnt, wo der Mensch aus seiner demütigen inneren Erkenntnis seine nichtige Tatkraft und schwache Willensmacht dem Herrn liebend übertrug."

[GS. Bd. 1, Kap. 91, 2-3]

Inschrift auf der siebenten Stufe einer für Robert Blums jenseitige Seelenentwicklung und -läuterung sinnbildlichen Pyramide: „Dein irdisch Wohnhaus ist voll Unflates; wer wird es reinigen? Wer hat die Kraft und die Macht allein!? — Siehe, Christus, der ewige Hohepriester vor Gott, Seinem ewigen Vater! Denn Christus und der Vater sind eins von Ewigkeit. In Christo allein wohnt alle Fülle der Gottheit körperlich. Und diese Fülle ist der Vater, als die reinste Gottliebe. Diese ergreife mit deiner Liebe, und sie wird dein Fleisch reinigen und erwecken, wie sie erweckt hat das Fleisch Christi, das sie selbst in sich barg."

[Rbl. Bd. 2, Kap. 157, 10]

Der einstige Bischof Martin im Jenseits: „Ein einziger für die Ewigkeit wertvoller Wunschgedanke, dass Jesus das ewige höchste Gottwesen sein möge, mit dem ewig in Gemeinschaft zu leben und zu wirken mich zum glücklichsten Wesen in der ganzen Unendlichkeit machen würde, war meine Rettung vor dem ewigen Verderben und ist nun meine größte Seligkeit! — Ich bin nun wirklich bei Jesus, dem alleinigen Herrn der Geister- und Körperwelt, und bin auf diese Weise seligst für die ganze Ewigkeit versorgt!"

[BM. Kap. 36, 21-22]

Der geläuterte einstige Bischof Martin im Jenseits zu asketischen, werkgerechten ehemaligen Klosterfrauen: „Ihr habt zwar viel getan an frommen Werken, aber nicht des Herrn, sondern des Himmels wegen, — und das ist noch lange nicht evangelisch! Man muss alles tun und dann ausrufen: Herr, siehe, ich war ein fauler, nutzloser Knecht! O Herr, sei mir gnädig und barmherzig! Denn Paulus spricht: ‚Du wirst nicht aus deinem Verdienste (durch äußere Werkgerechtigkeit), sondern durch die Gnade des Herrn selig werden!' — Beherzigt das, werft all euer vermeintliches Verdienst dem Herrn zu Füßen und bekennt vor Ihm die volle Nichtigkeit alles dessen, das ihr bisher als etwas Verdienstliches zum ewigen Leben angesehen habt, so wird die Gnade des Herrn sogleich über euch ersichtlich werden!“

[BM. Kap. 60, 2-3]

Ein seliger Geist: „Ich weiß, dass ich vor Gott ein sündiger Mensch bin, daher bin ich demütig und erhoffe von Gott, dem Herrn, nichts von irgendeinem Verdienste, sondern alles von Seiner Gnade und Erbarmung! Ich weiß auch wirklich nicht, was sich Geschöpfe vor dem allmächtigen Gott, der allein alles vermag und unserer Hilfe noch nie benötigt hat, für belohnende Verdienste hätten sammeln können!“

[St.-Sz. 10. 39]

Der Herr: „Habt ihr alles Übel in euch gefunden und mit Meiner kräftigen Beihilfe aus euch geschafft, da werde Ich, als euer heiliger Vater, der Ich schon über den halben Weg euch entgegengekommen bin, vollends zu euch kommen, euch gänzlich von euren ‚Lumpen‘ (dem Erzbösen) befreien und euch dann aufnehmen in das große Vaterhaus Meiner ewigen Liebe.“

[Hi. Bd. 1, S. 318, 14]

Auf die Bitte des Judas, sein Herz zum Guten umzugestalten, sagt Jesus: „Das große Geheimnis der Selbstgestaltung des Menschen liegt darin: Alles kann Ich dem Menschen tun und er bleibt Mensch, aber das Herz ist sein eigen, und dieses muss er selbst bearbeiten, wenn er sich das ewige Leben bereiten will. Denn würde Ich selbst zuerst die Feile an des Menschen Herz legen, so würde der Mensch zur Maschine und gelangte nie zur freien Selbständigkeit. Wenn aber der Mensch Meine Lehre bekommt, so muss er diese freiwillig befolgen und sein Herz nach ihr bilden. Hat er sein Herz danach gebildet und gereinigt, dann erst ziehe Ich im Geiste ein und nehme Wohnung darin; der ganze Mensch ist dann im Geiste wiedergeboren und kann ewig nimmer verlorengehen.“

[Ev. Bd. 2, Kap. 75, 7-8]

Jesus zu einem Jünger, der wegen seiner zeitweiligen Schwäche die göttliche Hilfe wünscht: „Ohne

Mich könnt ihr niemals etwas wahrhaft Verdienstliches zum ewigen Leben eurer Seele wirken. Dennoch muss zuvor jeder so viel tun, wie er aus seinem freien Willen heraus kann. Du musst zuvor ernstlich deine Augen von den Lockungen und Reizungen der Welt abwenden, und so auch deine anderen Fleischsinne, und musst ein Meister deiner Weltbegierden werden; wirst du das nicht, so werde Ich dich darum nicht blind, taub und stumm an deinen Leibes-Sinnen machen, und du wirst mit ihnen gleichfort zu kämpfen haben. Aber wenn du es darin einmal zu einer halben Meisterschaft gebracht hast, so werde Ich dich dann schon ehest in die ganze setzen, dessen kannst du versichert sein!“

[Ev. Bd. 8, Kap. 151, 3-4]

Der Erzengel Raphael: „Jeder Mensch muss sich selbst, ganz unabhängig von der Allmacht des göttlichen Willens, frei aus sich nach der erkannten göttlichen Ordnung ausbilden, um auf diese Weise ein freies Gotteskind zu werden. Das wirksamste Mittel dazu ist die Liebe zu Gott und zum Nächsten. Der Liebe zur Seite steht die wahre Demut, Sanftmut und Geduld.“

[Ev. Bd. 3, Kap. 241, 2-4]

Der Erzengel Raphael: „Ein durch die Sünde seelenverkrüppelter Mensch muss durch eine lange, eifrige Selbstverleugnung aller seiner alten Leidenschaften die erstorbenen Lebenskräfte in sich neu beleben und so nach und nach in die möglichst höchste Liebe zu Gott übergehen, was natürlich für einen sehr verweltlichten Menschen keine leichte Aufgabe ist."

[Ev. Bd. 5, Kap. 83, 5]

Der römische Hauptmann Julius zu der erleuchteten Jüngerin Jarah: „Der Mensch kann sich Gott erst dann vollkommen nähern, wenn er sich mit den ihm verliehenen Kräften selbst gereinigt, gebildet und gefestet hat, während welcher Selbstbildungszeit er von Gott scheinbar unbeachtet gelassen wird. — Wenn solches später auch bei dir stattfinden wird, was dann?" — Jarah: „Da glaube und vertraue ich fest, dass Gott mich auch dann nicht völlig verlassen wird!"

[Ev. Bd. 2, Kap. 146, 23-24]

Der Erzengel Raphael: „Im ganzen, unermesslichen

Schöpfungsraum kann keine Seele durch ein unvermitteltes, unbedingtes Erbarmen Gottes zu einer Lebensvollendung gelangen, sondern nur durch ihren eigenen Willen. Des Herrn Liebe und Gnade lässt dem Menschen wohl allerlei Hilfsmittel zukommen; aber dann heißt es beim Menschen, diese als solche erkennen, sie mit dem eigenen Willen ergreifen und weise gebrauchen."

[Ev. Bd. 5, Kap. 97, 6]

Jesu Antwort auf die Bitte des Jüngers Philippus um Befreiung von seiner zeitweisen Glaubensschwäche: „Wenn Ich dir das täte durch die Mir innewohnende Kraft, dann wärst du kein freier Mensch mehr und gerietest in eine große seelische Trägheit. Darum übe sich jeder gleichfort in allen guten Dingen des inneren Lebens."

[Ev. Bd. 6, Kap. 52, 8-9]

Jesus: „Ich trage als ein rechter Führer und Lehrer Meine Jünger nicht über alle schroffen und holperigen Wege auf den Händen, sondern Ich lasse sie selber gehen, auf dass sie stark werden, auf noch so knorrigen Wegen zu wandeln.“

[Ev. Bd. 6, Kap. 52, 12]

Jesus: „Zur Besiegung eines gar zu großen Hindernisses auf dem Lebensweg werde Ich jedem Licht und Kraft geben. Aber vor allem muss jeder Mensch selbst so viel tun, wie in seinen Kräften steht.“

[Ev. Bd. 6, Kap. 52, 13]

Jesus: „Wer es versteht, recht viel des Lichtes aus der Gnadensonne Gottes im Herzen seiner Seele aufzunehmen und zu behalten durch die Macht der Liebe zu Gott, der bildet in sich selbst eine Gnadensonne, die der Urgnadensonne in allem völlig ähnlich ist, und kommt dadurch zur allein wahren Lebensmeisterschaft.“

[Ev. Bd. 6, Kap. 88, 5]

Jesus: „Wird der Einfluss des Guten aus den Himmeln durch des Menschen eigenen Willen so kräftig, dass die Seele ganz darin übergeht, so wird der göttliche Geist der Liebe in ihr wach und durchdringt die Seele ganz. Damit ist die Seele in die erste Stufe ihrer Vollendung getreten, ist dann für immer frei und kann, wenn sie auch noch im Fleisch ist, Gesichte und Offenbarungen sogar von höchsten Engeln empfangen."

[Ev. Bd. 6, Kap. 225, 17]

Der Erzengel Raphael: „Bevor ein Mensch zur vollkommenen Beherrschung der Naturkräfte gelangt, muss er sich durch die genaueste Befolgung des Willens Gottes diesen so sehr zu eigen machen, dass er dann frei aus sich nicht anders handeln kann, als es ihm der Wille Gottes in seinem Herzen weist. Dies ist für den, der Gott erkannt hat und über alles liebt, nichts Schweres, weil ihm die Liebe zu Gott dazu die Kraft stets in dem Maße erteilt, als er im Herzen in der Liebe zu Gott wächst und dadurch auch in der Liebe zum Nächsten. — Hat sich ein Mensch auf diese Weise mit Gott geeint, so ist er auch schon erfüllt mit dem Geiste aus Gott; denn die Liebe zu Gott und die Erfüllung Seines heiligen Willens ist ja schon der vollauf tätige Geist Gottes im Menschen; was der Mensch dann will, das will auch Gott in ihm."

[Ev. Bd. 7, Kap. 150, 2-4]

Jesus: „Eine Menschenseele kann niemals ihr Dasein völlig verlieren, aber sie kann höchst unglücklich und unselig werden durch ihren eigenen Willen und sie kann, wenn sie es nur ernstlich will, auch wieder durch ihren eigenen freien Willen glücklich und selig werden."

[Ev. Bd. 8, Kap. 17, 7]

Jesus vergleicht die geistige Entwicklung der Menschen mit dem irdischen Tagesablauf und fährt fort: „Ließe Ich den vollen geistigen Tag allen Menschen plötzlich werden, so würden sie träge und gäben sich nicht mehr viel mit Suchen und Forschen ab. Sie würden wohl die Gebote halten und nach der in ihnen leuchtenden Wahrheit handeln, aber das auf eine mehr mechanische als lebendige Art; und so ist es besser, dass die Menschen erst von Stufe zu Stufe durch ihr eigenes Suchen, Forschen und Handeln den geistigen Tag in sich gewahren."

[Ev. Bd. 8, Kap. 22, 2]

Jesus: „Mir darf beim Menschen nicht alles möglich sein sonst hätte Ich es niemals nötig gehabt, zu euch in diese Welt als Mensch zu kommen und euch zu belehren. — Ich habe darum dem Menschen den freien Willen gegeben und seinem Verstande Wahres und Gutes und daneben Falsches und Böses gezeigt, auf dass er sich selbst prüfe, richte und bilde, damit er ein Mensch und kein von Meiner Macht gehaltenes und gerichtetes Tier sei, das nach Meinem ihm gegebenen Mussgesetz handelt und somit in sich keine Freiheit, Selbstbestimmung und Selbständigkeit hat. Der Mensch hat außer in seinem Leibe kein Mussgesetz von Mir, sondern ein freies Gesetz in seinem Willen.“

[Ev. Bd. 10, Kap. 109, 4-6]

Jesus: „Auf dass der Mensch zur höchsten Seligkeit gelange, muss er mit seinem freien Willen, seinem Verstande und seiner Vernunft sich nach Meinem ihm bekanntgegebenen Willen richten, bestimmen und selbst bilden. Ich aber kann und darf dabei mit Meiner Allmacht seinen freien Willen nicht ergreifen und ihn wie eine gerichtete Kreatur zum Handeln zwingen!“

[Ev. Bd. 10, Kap. 109, 9]

Paulus an die Gemeinde zu Laodizea: „Also ziehet allein Christus an durch den lebendigen Glauben, durch die Liebe, durch herzliches Erbarmen über eure Brüder, durch Freundlichkeit, Demut, Sanftmut und Geduld!“

[Lao. Kap. 3, 19]

Ein Himmelsbote zu einer im Traumerleben sich läuternden Seele im Jenseits: „Niemand kommt in den Himmel durch vermeintliche gottwohlgefällige Verdienste oder durch ein vermitteltes oder unvermitteltes Erbarmen des Herrn, sondern allein durch die eigene Liebe zum Herrn und die daraus hervorgehende Gnade des Herrn Jesus Christus, der da ist der alleinige Gott und Herr aller Himmel und Welten! Denn es gibt nirgends einen Himmel außer in euch; diesen müsst ihr selbst öffnen (durch die Liebe zu Gott und zum Nächsten), wollt ihr in ihn eingehen!“

[BM. Kap. 80, 18-19]

Jesus, der Herr, zu dem vollendeten einstigen

Bischof Martin, der alles in einem guten Werk der göttlichen Gnade zuschreibt: „Das Zukommenlassen Meiner Gnade ist freilich Mein Werk, das da niemandem vorenthalten wird, aber das Ergreifen dieser Meiner Gnade und das Handeln danach ist das eigene Werk eines jeden freien Geistes.“

[BM. Kap. 144, 11]

Der Apostel Petrus zu dem einstigen Bischof Martin in der geistigen Welt: „Der Herr tut Großes an dir, um aus dir einen rechten Engel zu machen; aber du selbst musst auch etwas tun, da der Herr so viel tut, sonst wirst du dir ein höchst widriges Los bereiten! Darum, wenn dich eine zu große Schönheit beirren will, blicke zum Herrn hin, und du wirst alsbald Ruhe finden.“

[BM. Kap. 159, 10 und 11]

Jesus zu drei voll erlösten Gotteskindern auf unserer Sonne: „Ihr habt euch nun durch alle schweren Prüfungen durchgewunden und seid siegreich aus manchen heißen Kämpfen hervorgegangen. Dadurch habt ihr euch völlig tauglich gemacht für Mein Reich und seid nun zu tüchtigen Arbeitern in Meinem Weinberg geworden!“

[BM. Kap. 202, 1-2]

Des Herrn Rat an einen Licht suchenden Lebemann: „Überlege dir, was da besser ist: Entweder ein braves Mädchen zu ehelichen, — oder ob du aus reiner Liebe zu Mir verzichten möchtest auf alles!? — Siehe, das kannst du auch tun! — Aber dann bedenke wohl, dass Mir mit einem halben Dienste durchaus nicht gedient ist, — so du etwa dabei glauben möchtest, dadurch deine Freiheit zu retten. Denn siehe, in deiner vermeinten Freiheit bist du nur ein Sklave deines Fleisches, deiner Begierden und deiner freien Weltlust. Darum muss allein dein Fleisch, müssen alle deine Begierden wie Sklaven dir untertänig werden, und du musst allen deinen tollen Gewohnheiten den vollen Abschied geben und dich sogleich in allem zu Mir wenden! — Höre! — Ich sage: allsogleich!“

[Hi. Bd. 1, S. 194, 32-34]

Jesus zu den Schwachen, aber Gutwilligen: „Wer da mit ernstem Willen selbst soviel tut als er kann und seine Schwäche Mir übergibt im Geiste, dem wird der Sieg über den Satan ein leichter sein — aber, wohlgemerkt, nur unter lebendig gläubiger Anrufung Meines Namens!“

[Ev. Bd. 1, Kap. 217, 8]

Der Herr: „Wer da kämpft in seiner Schwäche und siegt, ist Mir ums Tausendfache lieber als ein Starker, dem der Sieg ein Leichtes ist. — Wenn der Schwache (Demütige) fällt, da will Ich ihn aufrichten, wie oft er auch immer fällt. Aber der Starke mag sich selbst aufrichten, wenn er gefallen ist!“

[Hi. Bd. 2, S. 191, 18]

Engelslehre: „Solange ein Mensch nicht in allen möglichen Verhältnissen den Satan mit eigener Macht aus dem Kampffelde treiben kann, hat er die volle Kindschaft Gottes noch nicht. Wie sollte er aber je dieses Feindes Herr werden, wenn er nie mit ihm in Berührung käme? Das Reich Gottes kostet der Freiheit des ewigen Lebens wegen einen großen Kampf, und so muss euch auch Gelegenheit zum Kampfe zwischen Himmel und Hölle gegeben werden!“

[Ev. Bd. 2, Kap. 59, 14]

Jesus: „Der Mensch muss sich gleichfort in einem Kampfe befinden, ansonsten er einschliefe, und sein Leben muss stets neue Gelegenheit bekommen, sich als solches zu üben und dadurch aus sich selbst zu erhalten, zu stärken und so seine Vollendung zu erreichen."

[Ev. Bd. 3, Kap. 168, 4]

Jesus: „Ohne äußeren und inneren Kampf wird sich Mein Reich auf dieser Erde nicht gewinnen lassen. Denn da schon das dies-irdische Leben Kampf ist, um wieviel mehr das wahre, geistige Leben, besonders wenn es schon in dieser Welt sich äußern soll. Aber der Kampf wird dennoch für jeden, der Gott wahrhaft liebt, ein leichter sein. Denn dies sei jedem Meiner wahren Freunde gesagt: Mein Joch ist sanft und Meine Bürde leicht!"

[Ev. Bd. 5, Kap. 90, 3]

Jesus: „Den Stürmen auf dem Meere gleich sind beim Menschen die zugelassenen geistigen Proben und

Kämpfe. Sie muss jeder Mensch auf dieser Erde bestehen und sich durch sie zum wahren Leben empor kämpfen!“

[Ev. Bd. 8, Kap. 162, 10]

Jesus: „Gott hat jedem Menschen einen freien Willen gegeben, einen Verstand und ein ihn mahnendes Gewissen, ohne welche drei Gaben der Mensch nur ein Tier wäre. Dem Menschen sind zur Probe seines freien Willens auch Trägheit und Eigenliebe in seinem Fleisch angeboren. Der Mensch aber soll aus eigener Kraft das als ein Übel für seine Seele erkennen und es mit den von Gott ihm gegebenen Mitteln so lange bekämpfen, bis er ein vollendeter Meister über alle seine leiblichen Leidenschaften geworden ist.“

[Ev. Bd. 7, Kap. 193, 1-3]

Jesus zu einem bekehrten Römer: „Wie sich in der Naturwelt alles aus zarten Anfängen durch Kämpfe zu höherem Werden und Sein gestaltet, so steht es nach Meiner Ordnung auch mit der Gewinnung der Lebensmeisterschaft des Menschen. Er muss anfangs selbsttätig auftreten und gegen die ihn bestürmenden Leidenschaften mit den ihm verliehenen Waffen zu kämpfen beginnen. Tut er das, so wird ihm nach dem Maße seiner Siege auch die Hilfe von Mir für weitere, ernstere Kämpfe und Siege verliehen werden, und er wird endlich trotz aller Stürme das Lebensziel erreichen.“

[Ev. Bd. 8, Kap. 152, 14]

Einen römischen Hauptmann, den der grausame Kampf in der Tier- und Menschenwelt bedrückt, belehrt Jesus: „Siehe, auf dieser Erde, auf welcher die Menschen die Bestimmung haben, ihrer Seele und ihrem Geiste nach vollendete Gotteskinder zu werden, muss zum Kampf der gegensätzlichen Kräfte alles so eingerichtet sein, wie es nun ist. — Stelle dir diese Erde als eine eintönige, ebene Welt mit nur je einer Art von Metall, Pflanzen, Bäumen und Tieren vor, sage: wie weit sollen es auf einer solchen Welt die Menschen mit der Erweiterung ihrer Begriffe, Ideen und Phantasie bringen!? Wie mager wäre es da mit dem Verstand und der höheren Vernunft bestellt? Dagegen wirst du in einer mit reichster Mannigfaltigkeit ausgestatteten Welt gebildete Menschen finden, wenn schon nicht in der Sphäre des innersten Seelen-

und Geistlebens, so doch in der Sphäre des äußeren Verstandes, der Vernunft und der Phantasie, was bei einem Menschen doch da sein muss, wenn er zur höheren Bildung des inneren Seelen- und Geistlebens übergehen will.“

[Ev. Bd. 10, Kap. 19, 4 und Kap. 20, 2-11]

Jesus zu Seinen Jüngern und Freunden: „In dieser Zeit, in der die Macht der Hölle auf Erden übergroß geworden ist, braucht Mein Reich Gewalt und ernste Mühe, und nur die werden es besitzen, die es mit Gewalt an sich reißen. — Es werden auch über euch allerlei Prüfungen und Versuchungen kommen, dann aber denkt daran, dass Ich es euch zum voraus verkündet habe. Seid dann mutig und kämpft weise und stets mit aller Liebe gegen das Heranstürmen der Welt in und außer euch, so werdet ihr mit Meiner Hilfe für eure Arbeit des Himmels goldene Früchte im reichsten Maße ernten, und eure Freude darob wird eine große und unvergängliche sein!“

[Ev. Bd. 10, Kap. 117, 12-14]

Die Bedeutung des Erlösungswerkes Jesu Christi

Wir hören in heutigen Christengemeinden folgende Irrlehre:

„Die Menschen die Jesus nicht angenommen haben, haben auch niemanden, der das Gesetz für sie erfüllt hat und werden deswegen gerechtigkeitshalber bestraft."

Es sei mir hier die zynische Bemerkung gestattet, dass mir nicht ein einziges Naturgesetz bekannt ist, dass für einen solch feinen „Jesus-Annehmer" diesseits nicht mehr gelten soll... doch er wird mir entgegnen, dass dies alles nur auf das (ihm zwar völlig unbekannte) Jenseits Bezug habe, wo er dann verdientermaßen in einen „Saus- und Braus-Himmel" Einzug halten, und sein anders- oder nichtgläubiger Mitmensch für ewig mit der heißesten Hölle (natürlich auch bloß „gerechtigkeitshalber") von seinem feinen „lieben" Gott bestraft werden wird ...

Zunächst einmal wissen wir doch, dass Jesus für **alle** gestorben ist (2.Kor.5; Röm.11,32), also auch für jene, die Ihn noch nicht angenommen haben. Ja, sogar werden die "Toten in Christus zuerst auferstehen!" (1.Tes.4), sagt Paulus.

Mit der Erlösung bringt man gerne etwas durcheinander, vor allem aber, dass der Glaube an Jesu Erlösungswerk allein genüge um auf der „sicheren Seite“ zu sein. Er habe das Gesetz schließlich erfüllt, das muss nur geglaubt werden und schon sei man errettet, so lehren sie... Doch wurde uns durch Jesus nicht unmissverständlich die Liebetat immer wieder gepredigt, welche erst alles Gesetz erfüllt?! Wir sollen „Sein Fleisch essen“, was das Aufnehmen Seines Wortes bedeutet, und dann „Sein Blut trinken“, was die Handlung, die aufopfernde und dienende Liebetat ist, so deutete es der Herr beim letzten Abendmahle an.

Das Erlösungswerk Jesu Christi hat Bedeutung:

1. Für die Menschheit und das Geisterreich im Gesamten (Die Neuordnung der Himmel, bzw. Gottes Aussöhnung mit Sich Selbst, d.h. mit der Gerechtigkeitsanforderung an Sich Selbst.

Seine bis dahin führenden Eigenschaften von Weisheit und Beharrlichkeit wurden der Liebe und Barmherzigkeit unterstellt).

2. Für den Menschen im Einzelnen (Nachfolge Christi! Liebeleben! Geringer-Achtung des vergänglichen Welt-Wohllebens und Höher-Achtung des ewigen geistigen Lebens).

Wie hat Jesus das ganze Gesetz erfüllt? ... Durch die Liebe (!), denn diese beinhaltet alles Gesetz! Wie können wir das Gesetz erfüllen? … Ebenfalls nur durch ein Liebeleben!

Was wir Menschen nicht vermögen, und was allein Gott Selbst als Mensch in Jesus zu tun möglich war, war ein Leben zu führen in der Materie, ohne eine wider-göttliche Handlung zu tun. Dadurch wurde Satan überwunden, seine Macht gebrochen und die Erlösung der mit ihm gefallenen Geister eingeleitet. Das ist das eigentliche, die ganze materielle Schöpfung betreffende große Erlösungswerk Jesu Christi.

Der Schöpfer hat Seine Himmel neu geordnet und die Liebe zu Oberst gestellt. Er war der einzige Mensch dieser Erde, der nie gegen Seine göttl.

Ordnung gefehlt hat, und damit war Gottes Gerechtigkeit genüge getan und der Rettungsplan Seiner geschaffenen und mit Luzifer gefallenen Geister, welche durch die materielle Schöpfung gebannt sind, gerechtfertigt, nachdem Adam samt seiner Nachkommenschaft gefallen war im Ungehorsam...

Nur an dieses Erlösungswerk zu glauben trägt dem Menschen noch keine Errettung ein, sondern das geht nur durch die Tat nach Christi Wort: „Liebet einander..." Denn der Liebegeist ist Gottes Geist im Menschen und stellt die Verbindung des Gefallenen zum Ungefallenen wieder her.

Wir Gläubige müssen uns schon noch den Weg der Läuterung gefallen und uns von der Lieblosigkeit unserer Herzen in die Liebe umgestalten lassen und das „Kreuz auf unsre Schulter nehmen" und Ihm nachfolgen. Denn die Eigenliebe ist die gefallene Liebe und diese muss gekreuzigt werden um aufzuerstehen. Wer nicht auf Golgatha all der argen Triebe seines Herzens nach gestorben ist, in dem wird Christus nicht auferstehen zum ewigen Leben des Geistes.

Kein Mensch wird je Gottes Gerechtigkeit genüge tun können, das war nur Ihm Selbst in Christus möglich, und so wurden wir Sünder frei gekauft von dem Feuer der unerbittlichen Gerechtigkeit Gottes. Von da an sind wir Menschen allein nur gerecht vor Gott durch die Liebe zu Ihm in Christus und zu uns untereinander als Brüder und Schwestern und zu aller Kreatur. Nur in der Liebe sind wir Kinder Gottes und wahre Nachfolger Jesu. Das Alte ist vergangen und „Siehe, ich mache alles neu!“ spricht der Herr.

Hanno Herbst

Versuchung durch den Teufel - Von Erlösung und Gerechtigkeit

Man stellt sich hier zu gerne eine Versuchung des Teufels von Außerhalb unseres Selbst vor, dergestalt, dass man mehr einen Dialog mit einem bösen Gegenüber, als mit sich selbst, bzw. der eigenen seelischen Neigungen und Begierden zu führen habe. Dem ist nicht so. Denn im wahren Sinn ist unsere Seele selbst Teil der luziferischen Seele, und die Teufel sind alle die wider-göttlichen Eigenschaften in ihr, welche noch nicht durch die Läuterung des Feuers der göttlichen Liebe vollkommen wiedergeboren sind.

Die Versuchungen des Teufels sind die inneren Auseinandersetzungen des Menschen in seiner Seele mit der Selbst- und Eigenliebe, der Lauheit und Trägheit, dem Genuss- und Wohlleben, der Ehr- und Herrschsucht und schließlich dem Hochmut. Diese sind die „eigenen Hausgenossen" der Seele (Mt.10,36), welche ihm zu ärgsten Feinden werden, sobald er sie durch die Nachfolge Jesu Christi in Wort und Tat zu überwinden sucht um der Liebe willen. Petrus wollte eigennützig, dass der Herr Seinem Kreuz ausweicht, und Jesus nannte ihn deshalb einen Satan. Dieser erschrak ob der Bezichtigung, aber alle, nicht reine, göttliche Liebe im Menschen ist der Satan!

Wir wissen, dass alles Seelische der materiellen, sichtbaren Schöpfung aus dem gefallenen Luzifer und seines Anhanges entstammt, auch unser Leib und die ihn durchdringende und belebende Seele. Auch der Herr Selbst zog ein solches Materiekleid an. Er wurde in Jesus Seinem Menschlichen, d.h. Seiner Seele nach, mehrfach darin geprüft, vollkommen göttliche

Entscheidungen zu treffen, bzw. sich ganz dem Willen Gottes hinzugeben. Da Ihm dies bis zum Ende gelang, wurde der Gerechtigkeit Gottes, was die Grund-Ordnung Seines ewigen, allerklarsten und seligsten Geistlebens ist, genüge getan, und Gott konnte dieses Sein vollkommenes Geistleben, was wir den „Himmel" nennen, neu ordnen und von da an alles Gefallene in die Grundordnung Seiner Liebe und Barmherzigkeit zurückführen, Jenseits, wie Diesseits, ohne Sich Selbst untreu zu werden, d.h. Seine Reinheit und Heiligkeit, was die ewig unwandelbare Lebensgrundordnung ist und ewig bleiben muss, anzutasten.

Dies ist die Erlösung, welche Christus für uns vollbracht hat, so dass kein Gefallenes Wesen je mehr vor der Gerechtigkeit Gottes bestehen muss, was keinem je möglich ist, sondern allein vor der Liebe nur, durch einen Prozess der Umwandlung von der Eigenliebe, hin zur göttlichen Liebe, welche ist der neue Himmel und die neue Erde inwendig im Menschen, weil es das Wohnen der Gottheit im Menschen ist. Diesen Prozess der Läuterung der Seele, welchen uns Jesus in dem Gleichnis von der Weinkelter vorstellt, muss der Mensch sich seit Seiner Erlösertat nun gefallen lassen, damit Sein heiliger Geist die Seele des Menschen ganz und gar ausfüllt und erfüllt.

Bevor dieser Prozess, welcher durch ein Leben in der aufopfernden und dienenden Liebe und in der Aufnahme des reinen Gotteswortes seinen Fortgang nimmt, nicht vollendet ist, hat die Seele immer wieder mit ihren Teufeln zu kämpfen, die sie versuchen, welche Versuchungen aber zugelassen werden, damit die Seele des Menschen sich in der Überwindung übt und sie willig das Kreuz auf sich nimmt und Jesus nachfolgt durch ein Leben der Entbehrung und Aufopferung aller ihrer Teufel.

Wichtig sei noch zu erwähnen, dass hier nicht eine Form von Besessenheit gemeint ist. Dies sind dann die Teufel (im Jüdischen) oder Dämonen (im Griechischen), was die Seelen noch höllisch gesinnter Verstorbener sind, welche sich in der Sphäre eines noch irdischen Menschen einfinden, aus Zulassung und verschiedenen Gründen. Diese versuchen dann ebenso den noch Diesseitigen zur Sünde zu reizen, um z.B. ihre eigene Sinnlichkeit, der sie nicht mehr leiblich nachgehen können, auszuleben. Alles Seelische, ob nun eine vollständig höllisch gesinnte Menschenseele oder nur Höllen-Anteile einer Menschenseele, das der Finsternis angehört und Einfluss nehmen möchte auf den freien Willen des Menschen (durch Manipulation und Einflüsterung aller Art)... sind Teufel, bzw. Dämonen, was dasselbe ist.

Hanno Herbst

Das große Werk der Erlösung

Der Herr:

„Es wird bald die Zeit herbeikommen, wo wenige auch nur das Paradies sich erringen werden, weil es von Mir zugelassen wird, dass die Menschen alles, was in ihrem freien Willen liegt, unternehmen können. Selbst den bösen Geistern wird da, bevor die große Zeit Meines Gerichts eintritt, die Freiheit gegeben (wobei freilich auch Meinen guten Engeln der Auftrag gegeben wird, Meine Kinder zu beschützen und sie vor den Fallstricken des Satans zu bewahren!). Dann wird sich das Wort erfüllen: 'Es wird eine Zeit kommen, da, wenn es zugelassen wäre, selbst die Frommen abfallen würden.'

Was wird denn das für eine Zeit sein, werdet ihr fragen!? Und Ich sage euch, es ist eben jene Zeit des Hochmuts, der Hoffart, des Geizes, der Unzucht und der Hurerei aller Art, welche alle Völker nun ergreift und immer tiefer in ihren Lasterpfuhl hinunterzieht, woraus ohne Meine Hilfe ewig keine Rückkehr zu hoffen ist.

Mit Meinem am Kreuze ausgesprochenen sechsten Worte: 'Vater, in Deine Hände empfehle Ich Meinen Geist!' wollte Ich gleichsam allen Menschenkindern das Beispiel geben, dass sich die Seele zu ihrem Urquell zurückzubegeben hat und der Mensch sein Leben und Tun so einrichten soll, dass er am Ende seiner irdischen Laufbahn mit Freude und Frohlocken die Seele seinem himmlischen Vater übergeben kann.

Zum rechten Verständnisse muss man freilich wissen, dass nicht Mein Geist, sondern dessen äußere, seelische Umhüllung, Meine Seele, diese Worte zu dem in Mir wohnenden Vater-Gottgeiste sprach.

Nun aber sprach Ich Mein letztes Wort: 'Es ist vollbracht!' — Ja, es war vollbracht, das große Werk der Erlösung! Doch was frommte es auch Tausenden und Abertausenden von Seelen, welche zwar ebenfalls durch Meinen Tod und Mein Mittleramt von der Erbsünde erlöst wurden, aber Mir nicht nachfolgten im Geist und in der Tat!? Der Himmel war ihnen erschlossen, allein, durch ihr sündhaftes, liebloses Wesen und ihren unbußfertigen Lebenswandel zogen sie sich wieder aufs neue die ewige Verdammnis (das Gericht) zu!

Ihr Menschenkinder! Als Mein erstes und letztes Wort sage Ich euch denn abermals im vollen Ernste Meiner Liebe:

Tuet Buße! — Kehrt zu eurem Herrn und Gott in Wort und Tat zurück. — Lasst ab von eurem Wucher und gedenkt eurer armen Brüder, welche umsonst euch um Barmherzigkeit anflehen! Denket der Witwen und Waisen! Und sprecht Recht den Unmündigen!

Denn es steht geschrieben: 'Mit welchem Maß ihr ausmesst, mit dem wird euch wieder eingemessen werden!' — Nehmt euch zur Warnung vergangene Geschlechter! Solange sie Gott getreu blieben, waren sie groß und glücklich; als sie aber anfingen, auf sich allein zu bauen, da ließ Gott die Völker sinken und ganze Reiche wurden von der Erde vertilgt."

Aus: Kreuz und Krone / Die sieben Kreuzesworte JESU / Empfangen vom Herrn durch Jakob Lorber

Vom Streit in der christlichen Kirche, besonders über die Versöhnungslehre

Der Herr:

„Es ist jetzt viel Streit unter den Christen wegen der wahren Religion, welche Ansichten wohl die geeignetsten seien, um die Seligkeit zu erlangen. Viele haben gar keinen (richtigen) Begriff von Seligkeit, sondern glauben, diese bestehe darin, dass alle Wünsche nach dem Tode befriedigt werden, während doch dieselben oft mit allem Recht in die untere Hölle gehören, weil sie oft einen unerbittlichen Hass in sich tragen, und also um Rache bitten. Solche Seelen freuen sich über das traurige Schicksal anderer, und wollen gleichzeitig mit einem Ruck in den Himmel eingehen, um dort selig leben zu können, während sie doch selbst alle Störungen am Frieden in sich tragen.

Für solche sind die verschiedenen Glaubens-Ansichten nur ein Deckmantel; denn sie ziehen alle Stellen aus der Heiligen Schrift hervor, welche sie passend finden, um ihre angewöhnten Leidenschaften zu entschuldigen, hauptsächlich wird die (kirchliche) Versöhnungslehre ganz zu ihrem Vorteil angenommen und gedeutet.

Würden die Menschen bedenken, dass die Versöhnung dazu geschah, damit Ich als Gott wieder mit den Menschen verkehren kann, so müsste die erste und ernsteste Frage sich ihnen aufdrängen: "Wie weit verkehrst denn du mit deinem Gott", und viele müssten dann einsehen, dass anstatt eine Annäherung an Mich zu suchen, sie lieber Mich in den aller obersten Himmel wünschen, und sich damit entschuldigen, dass sie nicht würdig genug seien, Mir gegenüber es zu wagen und zu glauben, dass Ich als der Allgegenwärtige stets bereit bin, Mich mit ihnen zu unterreden und mit ihnen zu verkehren.

Viele, welche nicht gewohnt sind, selbst zu suchen, folgen blindlings der Vorschrift solcher Lehrer, die Mich so weit als möglich und so unnahbar als möglich verkünden, damit ihr Mittleramt desto gewichtiger in die Wage fällt. Solch willenlosen Seelen, die sich ganz leiten lassen von andern Menschen, komme Ich oft auf wunderbare Weise zu Hilfe, weil ihr Wille keiner Widersetzung fähig ist, und sie ohne ihr Zutun ganz den Einflüssen des Bösen unterworfen werden könnten, und in solchen Fällen könnt ihr von ganz unglaublichen Sachen erzählen hören. Oft haben solche Seelen Träume, von da an sie ihre Sinnesänderung datieren, oft Schrecken, oft Erscheinungen von ihren verstorbenen Anverwandten, die sie liebend warnen.

Es sind dies Tatsachen, die Meine Gnade zulässt, obgleich sie der Unglaube verwirft, und darum war es in früheren Zeiten möglich, noch mehr Seelen zu retten, weil diese Gnadenmittel noch sehr wirksam waren; jetzt aber hat der Unglaube eine freche Stirne, welche allem Trotz bietet, was ihm nicht bequem ist für seine Zwecke, und so gewinnt die Natur über den Geist die Oberhand (1. Mose 6, 3).

Seht, diese Zeit ist die "letzte Zeit" für das Menschengeschlecht! Viele tragen nur noch den Leib als menschliche Form; aber der geistige Adel, der den Leib zum geschickten Diener des Geistes veredeln will, der ist ihnen unbekannt, und durch den Unglauben sind auch die außergewöhnlichen Beweise für ihr geistiges Grundwesen und ihr ewiges Fortbestehen nicht mehr wirksam.

Darum, ihr Lieben, erhebt euer Geistesauge, die ihr durch Meine Liebe und Zulassung andere Begriffe von Mir und euch habt, und helft Mir, als eurem Vater, Den die Liebe unfähig macht Seine Allmacht und Gerechtigkeit die Menschen immer gleich fühlen zu lassen, und wenn ihr Willens seid, Meine Kinder und Diener zu sein, so tut nach Meinem Beispiele: Zuerst lasst die Liebe in eurer Mission walten, und denkt an das was Paulus von Mir schrieb: "Da er wohl hätte Freude haben können, erduldet Er das Kreuz, und nahm Knechts-Gestalt an und ward ein Mensch erfunden."

So, liebe Kinder, ließ Ich euch durch Meine Apostel deutlich sagen, wie Ich bei Meiner Mission Mich verhalten habe, und rufe nun auch euch als Gegenwärtige in eurer Mitte zu: "Gehet hin und tut desgleichen!"

J.La., Vaterbriefe, 248

Von der Freude über das Wiedergefundene

Der Herr:

„In diesem Gleichnis des einen verlorenen und wiedergefundenen Schafes ist der Zustand bezeichnet, welchen Meine wahren Kinder einnehmen sollen, wenn sich wiederum eine Seele zu Mir wendet, oder über einen Sünder, der Buße tut. Sie sollen sich freuen mit Mir; aber leider ist es sehr oft der umgekehrte Fall; denn anstatt, dass solche wahren Kinder gerne zurücktreten im Vorgenuss Meiner Liebe - was dadurch geschieht, dass, wenn ihnen ein solcher Neuling in Meiner Liebe erzählt, welch wonnige Gefühle ihn beherrschen, wie er diese oder jene Wahrheit so klar erfasst habe - so sind dieselben kritisch, misstrauisch, meinen, dass noch zu viel Eigenliebe in solcher Seele stecke, und anstatt sich mit ihr zu freuen, bemitleiden sie oder tadeln gar solch erste Aufwallung, welche doch erst nach und nach zum wahren Ernste wird.

Es ist auf diese Art schon manche Seele abgeschreckt werden, sich mehr an Solche anzuschließen, die schon länger erleuchtet sind. Daher gab Ich auch in diesem Beispiele zu erkennen, dass es sogar im Natürlichen ganz in der Ordnung ist, über etwas Wiedergefundenes sich zu freuen; wie viel mehr aber soll diese Freude stattfinden, wenn eine Seele zu Mir gezogen und wieder für Mich gefunden wird, weil dadurch Ich und die Seele dabei viel Freude gewinnen; also sollen auch Meine Kinder sich mit Mir freuen und ihre Freude durch Liebe an solchen Neulingen beweisen.

Doch auch schon zu Meinen Jüngern musste Ich sagen: „also auch, sage Ich euch, wird Freude sein vor den Engeln Gottes über einen Sünder, der Buße tut."

Es ist aber diese Freude nur bei Solchen zu suchen, die in der rein göttlichen Liebe stehen; darum sagte Ich: „Es wird bei den Engeln im Himmel Freude sein", weil diese den hohen Wert einer bekehrten Seele mehr zu schätzen wissen, als die Menschen.

Wenn nun ihr, Meine l. Kinder, Gelegenheit habt,

eine solche Seele zu finden, o so seid kindlich in eurer Freude, teilt dieselbe mit eurem himmlischen Vater und wisst, dass Er auch euch so angenommen hat, wie ihr eben gekommen seid, und bedenkt, dass Er das Werk der Reinigung Selbst übernimmt!

Freut euch, wenn es auch nur den Anschein hat, als ob eine Seele sich zu Mir wende; denn es ist dadurch schon oft ermöglicht worden, dieselbe fest zu halten. Haltet euch stets ferne voreilig zu urteilen, denn Ich allein kenne den göttlichen Brennpunkt (im Menschen), wie weit derselbe noch Kraft hat, zur Flamme aufzulodern. Es kommt immer mehr die Zeit, wo ihr mit Neulingen verkehren sollt; darum richtet euch auch in diesem Punkte nach Meinem Willen!“

J.La., Vaterbriefe, Band 3, 397

Was das Werk der Erlösung bedeutet...

Der Herr:

„Das aber ist die Erlösung, dass erkannt werde der heilige Vater und die Liebe, die – die ganze Welt sühnend und wieder heiligend – am Kreuze blutete und selbst den Missetätern durch den letzten Lanzenstich ins Herz der ewigen Liebe die heilige Pforte zum Lichte und zum ewigen Leben öffnen ließ. Und wie da einer sehend ward und lebendig im Glauben und in der Liebe, so können alle sehend und lebend werden im Glauben, welches ist der wahre Anteil an der Erlösung, damit dann das Bläschen der ewigen Liebe befruchtet werde von neuem durch die Strahlen der Gnadensonne und aufgehe in euch die alte Liebe des Vaters durch die Werke des Sohnes in aller Kraft und Macht des allerheiligsten Geistes aus Beiden in der reinen Liebe eures wiedergeborenen Herzens.

Was übrigens das Werk Meiner Erlösung bedeutet

und ist, so sage Ich euch: Fürs erste ist es das allergrößte Werk der ewigen Liebe, da hierdurch Ich der Allerhöchste in aller Fülle Meiner Liebe und in der unendlichen Fülle Meiner Gottheit selbst Mensch, ja euch allen sogar ein Bruder wurde, die ganze Masse der Sünden der Welt auf Meine Schultern nahm und so die Erde reinigte vom alten Fluche der unantastbaren Heiligkeit Gottes; fürs zweite ist es die Unterjochung der Hölle unter die Kraft Meiner Liebe, die früher nur in der Macht der zornergrimmten Gottheit stand und somit entfernt war von allem Einfluss Meiner Liebe, welche aber ist die furchtbarste Waffe gegen die Hölle, da sie das allerblankste Gegenteil derselben ist, wodurch dieselbe auch schon bei der liebevollen andächtigen Nennung Meines Namens in eine ganze Unendlichkeit zurückgetrieben wird; und endlich fürs dritte ist sie die Eröffnung der Pforten des Himmels und ewigen Lebens und der getreue Wegweiser dahin; denn sie versöhnt euch nicht nur wieder mit der Heiligkeit Gottes, sondern sie zeigt euch, wie ihr euch vor der Welt erniedrigen müsst, so ihr wollt erhöht werden von Gott. Sie zeigt euch ferner, alle Verspottung, Leiden und Kreuz aus Liebe zu Mir und euren

Brüdern zu ertragen in aller Geduld, Sanftmut und Ergebung eures Willens, – ja sie lehrt euch eure Freunde auf den Händen tragen und eure Feinde zu segnen mit der göttlichen Liebe in eurem Herzen. –

Da nun also die Welt aber nichts ist als die blanke Außenform der Hölle und die durch die Erlösung wieder gesegnete Erde auf diese Art zum abermaligen Träger der Hölle würde, so hat sich die Welt über die Erde erhoben und wohnt in hohen Gebäuden im Glanz der Selbstsucht, des Selbsttruges, der Eigenliebe, Prachtliebe, Wollust, des Wohllebens, des Reichtums, des Geizes und des Wuchers und der allgemeinen eigennützigen Herrschsucht. Damit nun aber die Erde nicht schmählich wieder beschmutzt werden möchte, so ist sie gewaschen und geheiligt worden durch das Blut der ewigen Liebe. Und wenn auch irgendwo die Schlange sich ihres Unrates entledigt entweder durch Kriege oder durch Rechtshandel, oder durch Räubereien, oder durch Unzucht, Hurerei, Gottesleugnung und Ehebrecherei, naturmäßig und geistlich, – so wirkt dann sogleich die erlösende Sündflut der gekreuzigten Liebe durch Erweckung von Männern und Sehern Gottes, die dann wieder den Unrat der Schlange vertilgen von der Erde, nachdem sie denselben aufsuchen und in die Vorratskammern der Weltgroßen werfen. Dann ergötzt sich das Weltherz an solchem Schatz, – aber Meine Kinder müssen dann eine kleine Zeit Not leiden, da die Erde auf diese kurze Zeit unfruchtbar wird. So sie aber dann sich flüchten unter Mein Kreuz und hören Meine Stimme reden vom neuen Leben durch den Mund oder durch die Feder Meiner Seher und begießen das mager gewordene Erdreich fleißig mit dem Wasser aus dem Brunnen Jakobs, dann wird die Erde gleich wieder gesegnet und trägt Früchte von der allerschönsten Art, – und diese Früchte sind dann wieder der Anteil am großen Werk der Erlösung, vollbracht am Kreuz.

Schließlich muss Ich euch, namentlich den Eltern, diesen Meinen göttlich väterlichen Rat noch hinzufügen, dass ihr eure Söhne ja nicht eher ehelichen lassen sollt, und wären sie auch in allem weltlichen Erhaltungsvermögen dazu wohl versehen – sei es im Amte oder Habe, bevor sie nicht wenigstens zur Hälfte wiedergeboren worden sind, damit dann ihre Weiber durch sie geheiligt werden möchten, um gesegnete Früchte zur Welt zu bringen, die da bald selbst ein

Segen des Himmels einer ganzen großen Generation leicht werden, wodurch ihr euch dann ein großes Reich gleich dem des Abraham in den Himmeln gründen werdet, worüber ihr euch freuen werdet ewig mehr und mehr über die stets sich mehrenden Herrlichkeiten, hervorgehend aus eurem gesegneten Samen.

Eure Töchter aber gebt Meinen Söhnen, die da sind gekommen aus Meiner Liebe zu euch und haben auf der Welt Mich wohl erkannt, und haben sich ziehen lassen von Meiner Liebe und leiten von Meiner Weisheit, und allezeit hören Meine Stimme und ihre Augen geheftet haben nach Meinem Herzen. Dadurch werdet ihr Mich zum segnenden Schwiegervater eurer Töchter machen. Und Ich sage euch, da ihr Mich dadurch gemacht habt zum nächsten Anverwandten, so könnt ihr euch wohl leicht von selbst denken, dass Ich Meine Mitschwieger dereinst nicht werde zugrunde gehen lassen; und so Ich sage, dass sie in Meinem Hause wohnen werden und an Meiner Haustafel speisen sollen allezeit und gewiß große Freude haben mit den über-schönen Enkeln Meiner lieben Söhne und ihrer durch sie gesegneten Töchter, und so sie an Meiner Vaterhand geführt werden in alle Meine Reiche und da schauen werden Meine großen Herrlichkeiten, – dann erst werden sie es fassen, was das heißen will, Mich zum Mitschwieger zu haben!!! – – –

Nun seht, das ist eine vollständige Beantwortung. Sie ist zwar nicht gelehrt, aber was viel mehr ist, sie ist euch aus der Quelle der ewigen Liebe und Weisheit eures heiligen über-guten Vaters in aller ewigen Wahrheit treu gegeben gleich einem großen Lichtstrome, einer großen Sonne am hohen Morgen entströmend, der euch durch und durch leuchten wird, so ihr ihn erst nach und nach ganz aufgenommen haben werdet in euren noch ziemlich unerhellten Herzen, was ihr um so deutlicher empfinden werdet, so ihr eure noch sehr schwachen Antworten dagegenhalten – und daraus gewiß klar ersehen werdet, wie viel euch noch mangelt, und wie tief ihr schon in euch gedrungen seid. –

Endlich sage Ich euch aber noch, dass eure Antworten tiefer sind als eure Herzen; denn Ich habe sie, eurem besseren Teile angemessen, euch unbewusst in euer Herz gelegt. An Meiner Antwort werdet ihr erst das Wahrzeichen finden, so ihr dadurch in eurer Antwort einen tieferen Sinn entdecken werdet, als welchen seichteren ihr hineinzulegen gedachtet. – Das aber wird euch ein sicheres Zeichen sein, wie tief Ich in euch und wie seicht ihr noch in Mich gedrungen seid.

Darum kommt alle zu Mir, die ihr mühselig und beladen seid, denn Ich will euch alle erquicken und vollmachen mit Meiner Gnade Amen. Ich die ewige Liebe und Weisheit Amen, Amen, Amen. – – –

J.L., Himmelsgaben - Band 3 / 4. Antwort (Die Erlösung)

Kreuzestod wird gerne zur weltlichen Bequemlichkeit ausgedeutet

"Sie werden sehen, in welchen sie gestochen haben!" Joh.19,37

Jesus:

„Dieses Wort ist ein großes Wort, und hat eine tiefe Bedeutung; denn eine große Verheißung liegt in den Worten: "Sie werden sehen"; es ist darin enthalten, dass alle Menschen zur wahren Erkenntnis gelangen sollen, gegen welch liebevollen Vater sie sich empörten; allen Geistern wird dies noch - wenn es auch auf Erden nicht mehr, oder weniger geschieht - doch im Jenseits einst aufgedeckt - wer Ich (Jesus) bin!

Ich leiste auf alle Ehrfurcht Verzicht, welche bei den Menschen durch die Betrachtung Meiner Werke hervorgerufen wird; nur die Gegenliebe ist Mir Bedürfnis!

Darum muss Ich allen Meinen Kindern dieselbe vorstellen, was schon durch Meinen Erdenwandel, durch Meine Lehre und durch Meinen Tod geschah; aber dies ganz so zu fassen, wie es Meine Liebe verlangt, gelingt leider selten einer Seele im Fleisch, sie ist meist zu sehr in das Äußerliche hineingezogen, und besonders in der Jetztzeit, wo die ganze Kirchenlehre mit menschlichen Ansichten vermengt ist; anstatt dass der heilige Geist in sein Amt tritt, und den

Ausleger der Heiligen Schrift macht (als Geist der Wahrheit), haben sie jetzt den Verstand dafür eingesetzt!

Wenige bedenken mehr, dass die Menschen durch dessen Einflüsterung des Paradieses verlustig wurden! *) Mein Kreuzestod wird zwar noch in der Kirche als Hauptakt Meiner Liebe dargestellt, aber daneben wird derselbe sogleich zu aller natürlichen Bequemlichkeit ausgebeutet, weil er die Versöhnung zwischen Mir und dem Vater bewirkt hat, und somit die Menschen freispricht von aller Schuld und von aller Versäumnis (!?), darum darf sich die Seele - nach dieser Auffassung - ganz dem Materiellen zuwenden, und braucht sich nicht zu bestreben - mit dem Geiste eins zu werden! -

Oh Kinder, seht welch große Ver(w)irrung solcher Glaube schon angerichtet hat, wie Ich dadurch soviel umsonst gelitten und geduldet habe, und wie Mein Leiden und Mein Trauern um die Erdenkinder noch immer fortbesteht! Ich muss warten, bis Ich durch Mein sanftes Eingreifen nur erst wieder Einzelne auf Meine Seite gewinne, damit Ich durch diese abermals einige Weitere anziehen lassen kann. So habe Ich euch nun abermals einen Blick in das

Verhältnis tun lassen, das zwischen Mir und den Menschen besteht, und euch gezeigt, wie Meine Liebe schmachten muss, und frage euch nun:

"Wollt ihr ganz nach Meinem Sinn zu Mir halten? Auch wenn euch das gleiche Los der Schmach und Verfolgung in Aussicht steht?"

Ich werde euch dabei nicht zu viel auferlegen, sondern durch Meine göttliche Kraft euch mächtig unterstützen.“

J.La., Vaterbriefe, Band 2, Kap. 332

*) das beschränkte Verstandeslicht ist nur zum Gebrauch für natürlich-weltliche Zwecke, als zum Berufszweck usw., aber für geistige Wahrheiten nicht genügend, denn dazu dient das ewige Licht im Herzen.

Weil sie es so gerne anders lehren, und die Versöhnung als ein Geheimnis deuten

Eine Mahnung zur Vorsicht in den Kirchen und Ermutigung, auf das eigene Herz zu hören

Der Herr:

„Es ist überall ein Suchen nach der Wahrheit, ob Ich in der Person Jesu als wahrer Gott zu glauben sei? Dies ist die Hauptfrage Solcher, welche Mich wahrhaftig lieben und ehren wollen, und deren Suchen also ein redliches ist, die aber durch so vielerlei Widersprüche – hauptsächlich von den Lehrern – irre gemacht worden sind, weil diese es so gern anders lehren, und die Versöhnung als ein Geheimnis deuten, welches nur durch ihre Nachhilfe etwas mehr könne begriffen werden.

Darum wirke Ich durch Meinen Geist, dass nun

solche Anschauungen die Seelen nicht mehr befriedigen, und sie nach Besserem suchen.

Diese Zeit ist nun die Zeit der Saat für die neu geoffenbarten Wahrheiten; denn dieselben finden nun mehr Aufnahme in den Herzen; aber dieses weiß Mein Gegner ebenso gut wie Ich, und darum wird er einhergehen wie ein brüllender Löwe und euch zu verderben suchen; erschrecktet euch aber darum nicht, sondern haltet nun fest zusammen, dass ihr die Einigkeit gegen eure Gegner als Symbol eures Glaubens beweisen könnt; denn sie werden suchen euch lächerlich zu machen, was eben nicht so leicht für sie ist, wenn ihr nicht viel Worte macht euch zu verfechten, sondern ruhig fort arbeitet, und ihren Einflüsterungen kein Gehör schenkt, wenn sie durch allerlei Verdächtigungen euch zu trennen suchen.

Seht, dort hat der Feind große List, er lockert so gerne von Innen an der Gemeinschaft, was ihm mehr nützt als ein äußerer Anlauf; also vor Solchen hütet euch untereinander; Ich habe euch darum schon ein Wort dazu geben (Vaterbrief 438.), zeigt den Weltmenschen, dass eure Kette durch göttliche Kraft zusammenhält, und Ich will euch dieselbe mehr zufließen lassen. Ich bleibe mit euch, unter euch, in euch, so ihr bei Mir verbleibt, sei es in Freud oder Leid!

Harrt aus nach Meinen Anordnungen euch zu richten; lohnt mit eurer Gegenliebe Mir die viele Mühe, mit welcher Ich Euch bis hierher erzogen habe, auf dass Ich Mich fest auf euch verlassen kann! Ich kann euch keine weiteren Versprechungen beifügen, *euer Tun und Lassen soll nur auf die Liebe zu Mir sich gründen*, so ziehe Ich euch mit Meinen himmlischen Heerscharen entgegen, wenn Ich Mein Reich einnehme. Ernst und groß ist diese Zeit, wovon ihr noch gar wenig ahnt."

J. La., Vaterbriefe Band 3, 1. Februar 1885. Verhaltenswinke für die jetzigen Jünger

Aneignung der Erlösung nur durch ernste Nachfolge Jesu, nicht allein durch Glaube

Der Herr:

„Ihr sollt den Namen JESUS in seiner Bedeutung kennen lernen, da besonders viel daran liegt, dass ihr Mich nicht allein als liebenden Vater und Schöpfer Himmels und der Erde erkennt, sondern Denselben auch im Namen Jesu; denn nur durch Dessen Zugang habt ihr den Vater erlangt; nicht aber wie der verkehrte Glauben es lehrt, als ob der Vater zuvor versöhnt worden wäre durch Meine Erniedrigung und Meinen Kreuzestod, sondern Meine Liebe war es zuvor schon, welche Mich zu diesem Akte veranlasste, um euch kund zu geben, dass in eurem Schöpfer ein Vaterherz für euch schlägt. Und so musste Ich auf diesem Wege euch begegnen; aber auch zulassen, dass man falsche Begriffe von Meiner Versöhnung annahm, als ob Ich ein Gott des Zorns wäre, und erst durch grausame Strafe, welche an Meinem Leibe verübt worden, versöhnt werden müsste

Ich musste Mich nach, der durch die Sünde so weit gesunkenen, Aufnahmefähigkeit der Menschen richten, und auch in dieser Hinsicht, wie eben alles nach Meiner Ordnung den Entwicklungsgang zu gehen hat, diese Irrbegriffe so lange dulden, bis es jetzt an der Zeit ist, Mich in Meiner ganzen Liebe, und Meinen ganzen Heilsplan zu erkennen.

Durch die Worte über Meinen Erdenwandel (besonders im Großen Evangelium Johannes - von Jakob Lorber niedergeschrieben) könnt ihr immer mehr Aufschluss erhalten, worin die wahre Versöhnung zwischen Mir und euch besteht, d.h. im kindlichen Vertrauen, dass, wenn ihr Mir folgen wollt, Ich euch durch Meine Kraft unterstützen werde, aus der Liebe, die alles für euch getan, ihr Blut vergossen, ihr Leben gelassen, um durch den Vater (die Göttlichkeit in Mir) auch euren göttlichen Funken, oder euer eigentliches Ich oder ewiges Sein (woraus ihr als Menschen besteht), tüchtig zu machen, eure Seele und Leib zu durchdringen, damit sie zur Auferstehung in das himmlische Reich, als Kinder Gottes fähig werden.

Denn erst durch Mein Erscheinen ist den Menschen

ihr ganzes Wesen mehr aufgedeckt worden, dass sie aus Geist, Seele und Leib bestehen, und darum die Aufgabe haben, sich mit Dem zu vereinen, nach Dessen Ebenbild sie geschaffen sind, Der ihnen durch Sein Beispiel den Weg gezeigt hat, welcher dahin führt; nämlich gehorsam sein bis auf den höchsten Grad, wie auch Ich - als Jesus dem Vater folgte, und den Weg der Verleugnung Selbst auf Mich nahm, durch Spott und Hohn bis zum Kreuzestod.

Wenn ihr so, als Meine Kinder, den Vater in Jesu ehrt und Seine Erlösung euch aneignet, da wird euch der wahre Segen werden; aber nicht, wenn ihr euch durch Mein Blut ohne eure Bemühungen rein waschen lassen und warten wollt, bis euch die Liebe des Vaters zugeteilt wird durch Vermittlung; *Meine Vermittlung ist die Lehre, welche bloß durch das Befolgen ihre Kraft beweisen wird.*

Darum seid Täter des Wortes! und ihr werdet euch nicht selbst betrügen, sondern das Kindesrecht euch erwerben, durch euren Gehorsam und kindliches Vertrauen zu Mir."

J. La., Vaterbriefe Band 1, 45. - 3. Februar 1878 "Der Jesus-Name"

Über Werksgerechtigkeit, Zweifel, Lauheit, geistigen Tod und Erlösung

Jesus:

„Bei manchem, der die Worte liest, welche Ich euch unmittelbar zukommen lasse, ist es ein Stein des Anstoßes, dass Ich in so herablassender Weise mit Meinen Kindern verkehre. Diese Zweifler können aber keinen eigentlichen Beweis liefern, warum solches nicht möglich sei, sondern es ist ihnen eben zur Gewohnheit geworden, das als ihren wahren Glauben zu betrachten, was sie in der Schule und Kirche gelehrt wurden, und wobei sie seither so bequem leben konnten, mit der Entschuldigung, dass sie sich eben auf die Versöhnung verlassen, weil es nicht möglich sei, durch Werke selig zu werden.

Sie haben zum Teil recht, denn diese Werke, welche sie da zu Meiner Versöhnung meinen, haben allerdings vor Meinen Augen keinen Wert, weil es meist materielle Opfer sind, woran das Herz und die Liebe nicht teilgenommen haben, sondern wobei die Triebfeder

„Spekulation auf den Himmel“ genannt werden kann.

Es scheint solchen Seelen die Aufgabe zu groß, mit Mir, als dem heiligen und liebevollsten Gott sich in einen lebendigeren Verkehr zu setzen. Sie sind oft zu ängstlich dabei und sagen, es könne in der Heiligen Schrift kein Beweis dafür gefunden werden – während es dort deren viele gibt und einem wahrhaft aufrichtig Suchenden bald solche Stellen klar werden, die darauf hinweisen, wie Ich immer wieder auf wunderbare Weise Mich und Meine Allmacht den Menschen kundgab.

So z.B. bei dem Teiche Bethesda, allwo ein Engel das Wasser segnete, damit die Kranken gesund wurden. Es taucht hier die Frage auf, warum gerade nur der erste gesund ward, der da hinein stieg. Und es wird wohl jedes die Antwort schuldig bleiben. Denn die richtige Antwort ist: Es gehört auch diese Gnaden- und Liebe-Einrichtung, welche vom Himmel aus gespendet wurde, zu den unerforschlichen Dingen, welche zeugen von der Verbindung zwischen Himmel und Erde (was mit dem natürlichen Verstand eben nicht begriffen werden kann). Aber der Segen von diesem Glauben ist es, der euch klarmachen soll, dass

Wahrheit ist, was ihr glaubt!

Nun habe Ich damals auch einen Kranken geheilt, ohne das äußere Mittel, das er so lange gesucht hatte. Auch dieser Kranke suchte seine Heilung in dem äußeren Mittel und wartete lange Zeit darauf. Doch bat er Mich dabei auch im Herzen um das Gelingen. Und darum – weil er sich an Mich wendete – wurde ihm die rechte Hilfe zuteil.

Wendet ihr jetzt euer Auge auf das Gebiet, von welchem einst Mein Prophet so traurig klagte, es sei „ein Totenfeld und der Leichengeruch gehe darüber (sah er doch im Geiste die Seelen der Menschen, welche dem geistigen Tode entgegen gingen und teils schon ganz stumpf waren und teils sich angetrieben fühlten, nach Rettung suchen) – so wird euch klar werden, dass auch heute eine ganz außerordentliche Hilfe dazu nötig ist, dem derzeitigen Verderben entgegen zu steuern. Und Ich will deshalb als der ewig unveränderliche Gott, als der Ich schon vor Meiner Menschwerdung immer wieder, teils zur äußeren Abhilfe, teils zur Rettung der Seelen, Heilunternehmungen traf, auch nun wiederum unerforschliche Mittel gebrauchen, um über die Totengebeine dieses

Leichenfeldes Leben zu hauchen.

Also sagt den Ungläubigen oder noch Unwissenden, dass Ich darum nun gleichfalls wieder unmittelbar mit einzelnen Menschen verkehre.

Und wie Ich dort einst den Segen in das Wasser legte im Teiche Bethesda, so will Ich auch zu dieser jetzigen Gnaden-Anordnung Meinen Segen geben, damit alle, die sich geistig krank fühlen und lange schon auf Hilfe warten (die ihnen aber von keinem Menschen gebracht wird) – nun von Mir Selbst besucht werden. Gleichwie der Gichtbrüchige, der mit zäher Ausdauer auf das Gnaden-Mittel wartete, das vom Himmel aus gesegnet wurde, so sollen nun noch viele gesegnet werden durch das Wasser des Lebens, das vom Himmel euch zukommt.

Weist viele hin auf den „Teich Bethesda"! – Und so wie Ich einst dort segnete, will Ich als der ewig Unveränderliche es auch jetzt noch tun. Denn abermals bin Ich gekommen, nicht um aufzulösen, sondern zu erfüllen.

Viele werden noch zeugen müssen, wie ihnen der Glaube an Meine herablassende große Vaterliebe zur geistigen Genesung verholfen hat. Darum soll auch euer Glaube mit Sieg gekrönt werden!“

Aus: J. La., Vaterbriefe, Band 1

Mein Kreuzestod brachte die Erlösung für alles Gefallene

Jesus:

Meine Kinder, wenn Ich zu euch sage: „Der Friede sei mit euch“, wisst ihr dann auch was dieses Wort Friede für euch bedeutet? Wisst ihr auch, dass ihr Meinen Frieden nur empfangen könnt, weil Ich für euch gelitten habe? Was ist denn der tiefe Sinn Meiner Worte: Ich gebe euch Meinen Frieden? Mein Blut gab Ich hin für euch, auf dass ihr Frieden habt. Aus Liebe und Gehorsam zum Vater konnte Ich für euch den Kreuzesweg gehen. Durch Meinen Kreuzestod, durch Mein Leiden und Sterben versöhnte Ich euch mit der heiligen Gerechtigkeit Gottes. Ich war es, der durch liebende Hingabe Frieden geschlossen hat zwischen euch und dem heiligen Gott. Wenn Ich heute zu euch sage: „Mein Friede sei mit euch." was bedeutet es euch? Ja, Meine Kinder, und noch dazu, dass ihr Meine Liebe besitzt. Meinen Frieden, den Ich so schwer für euch erworben habe, gebe Ich euch.

Viele Christen sind aber nicht dankbar dafür. Sie nehmen Meinen Frieden sehr oberflächlich und bedenken nicht, dass diese kostbare Gabe Mein reines Leben gekostet hat. Für Meine reine Jesus-Seele war es ein furchtbares Leiden. Das bittere Leiden und Sterben war es nicht allein. Ich starb an gebrochenem Herzen, weil Meine reine Seele belastet und behaftet war mit den Sünden der ganzen Welt. Nach menschlicher Auffassung hätte Ich noch länger am Kreuz hängen müssen, aber Mein Herz ist gebrochen durch die Belastung eurer Sünden, welche auf Meiner Seele lagen. *Für alle Wesen in der Unendlichkeit brachte Ich dieses Opfer.* Auch für euch, Meine Kinder, ließ Ich Mich ans Kreuz schlagen, damit Ich euch den Frieden bringen konnte. Deshalb trete Ich auch bei allen Meinen Kindern ein mit diesem Friedensgruß.

An jenem Ostermorgen bin Ich in das Allerheiligste

des Himmels eingegangen als euer Hohepriester. Ich ging in die höchsten Himmel zum Vater. Zum Vater. Das heißt: Ich bin als Hohepriester zur Ewigen Liebe gegangen um euch die Versöhnung, den Frieden zu bringen. Philippus bat Mich einst: Zeige uns den Vater. (Evglm. Joh. 14,8). Meine Antwort gilt auch euch: „Wer Mich sieht, der sieht den Vater.“ Ich ging in die höchsten Himmel. Das heißt: Ich vereinte Mich mit der Ewigen Liebe - dem Vater - und mit seiner schöpferischen Willenskraft, dem Heiligen Geiste. Für jedes liebende Gotteskind ist das Geheimnis enthüllt: Die reine Jesus-Seele, der Sohn und Hohepriester ist im Auferstehungsleib eins geworden mit dem Heiligen Gott, mit dem Vater. Das ist die Einheit: Vater, Sohn und Heiliger Geist sind eins.

O Meine Kinder, schenkt Mir eure ganze Liebe, auf dass ihr hier schon erfassen könnt, was Ich für euch getan habe. Nur ein liebendes Herz ahnt, - was Ich schon durch Jesaja weissagen ließ - wie groß Meine Liebe zu euch ist. Der Prophet verkündete: „Fürwahr Er trug unsere Krankheiten und lud auf sich unsere Schmerzen. - Um unserer Sünden willen ist Er zerschlagen. - Durch seine Wunden sind wir geheilt.“

Ich versöhnte euch mit Gott.

Um dies richtig erfassen zu können, gebe Ich euch ein Gleichnis: Barabbas, der Mörder, der Verbrecher, befand sich in seiner Gefängniszelle und schaute durch die Eisengitter zum Richthaus und sah, wie im Gefängnishof sein Kreuz gezimmert wurde und hörte die Hammerschläge. Seine Seele war durchwühlt von Dämonen, die ihn mit Verzweiflung, Angst und Todesfurcht plagten. In seiner Qual wusste er: Heute werde ich an dieses Kreuz gebunden und sterben. Immer wieder kam die Verzweiflung über ihn. Da sah er durch sein Gitter, wie Kriegsknechte einen Menschen zum Richthof brachten, einen Menschen, gebeugt und zerschlagen und doch von edlem Angesicht, auf dem der Friede erstrahlte. Er sah, wie dieser Mensch geschlagen und verspottet wurde von Rohlingen, wie sie ihn marterten. Da geschah das Unfassbare: Der Mensch ergriff das am Boden liegende Kreuz, das für Barabbas bestimmte Kreuz, legte es auf seine Schultern und, getrieben von den rohen Kriegsknechten, schleppte er es den Weg entlang. Barabbas fühlte plötzlich wie alle Angst und Furcht von ihm gewichen war. Was war denn geschehen? Er war frei. Durch den

Menschen, der sein Kreuz auf sich genommen hatte, war er, Barabbas, errettet vom Tode, frei von Angst und Qual. Dieser Mensch aber tat den Mund nicht auf. Er schwieg und brach doch oftmals unter Barabbas Kreuz zusammen. Unter deinem Kreuz. Unter deinem Kreuz. Unter eurem Kreuz. - So kann Ich euch annähernd erklären, was Ich für Barabbas, den Mörder, getan habe.

Meine Liebe geht heute noch zu den Gefallenen. Ich lasse 99 Gerechte und suche das Verirrte, das Kranke, das Gefallene, um es zu retten und heimzubringen ins Vaterhaus. Überall, wo Menschen leiden, bin Ich bereit zu helfen und zu erlösen von dem Übel.

Mein Kreuzestod, der Sieg der Ewigen Liebe, brachte die Erlösung für *alles Gefallene*.

J.H., Buch 2, Nr. 66 »Was JESUS für uns getan«

Noch immer falsche Versöhnungslehre unter den Christen

Jesus aber rief und sprach: „Wer an Mich glaubt, der glaubt nicht an Mich, sondern an Den, Der Mich gesandt hat, und „Wer Mich sieht, der sieht Den, Der Mich gesandt hat!“ (Joh. 12. 44)

Der Herr:

„Schon in Meinem Erdenwandel waren die Menschen und Jünger, die Mich umgaben, unklar über Meine Persönlichkeit; denn die Wirkung Meiner Worte und der ausgeführten Wunder beeindruckte die Menschen, dass Ich der wahrhaftige Gott sein müsse, und doch auf der anderen Seite war der Begriff von ihrem Jehova ein so entgegengesetzter zu der *herablassenden Liebe* (in Mir als Jesus), der wie ein Bruder mit ihnen verkehrte, dass sie meinten, ihren Gott zu entwürdigen, wenn sie dieser inneren Überzeugung mehr Gehör geben würden.

Darum konnte Ich Mich auch (hierüber) nicht so deutlich aussprechen, wie „Ich bin euer Gott und Vater“, sondern Ich durfte nur nähere Winke darüber geben, welche ihre Ahnungen bestätigen sollten. Diese inneren Ahnungen rühren von der nahen Verwandtschaft des Geistes (im Menschen mit Mir) her, welcher als Abkömmling von Mir fühlt, dass Ich sein Schöpfer und Vater bin, und der dann bei dahin zielenden Worten oder Taten in diesem Gefühle noch mehr bestärkt wird. Fehlen aber diese (Gefühlsahnungen) bei ihm, so bleibt er unempfindlich und gleichgültig; denn er ist von dem Einfluss und von der Anregung abhängig. Darum Ich auch stets sorge, dass ein jeder Geist dieselben in reichem Maße erhält, und es ist die Gnade, welche solches ausführt, durch Meinen göttlichen Geist, welcher sich in Verbindung mit dem menschlichen Geist setzt.

Zuerst näherte Gott Sich den Menschen in der Schöpfung; dann erschien Er einzelnen Menschen, welche Er zur Vermittlung erwählte, bald auf diese, bald auf jene Weise für kurze Zeit, wie z. B. Adam, Henoch, Abraham, Moses und den Propheten. Als aber die Menschen vorbereitet waren, einen Gott dem

Geiste nach zu erkennen, da nahm Ich (in Jesus) auf längere Zeit die menschliche Form an, um persönlich sie belehren zu können, und deshalb musste Ich Meine Gottheit unter einem anderen Namen (als Sohn) verbergen, damit sie in ihrer geistigen Freiheit nicht beeinträchtigt wurden, und nur Einzelnen wurde es zu Teil, Mich klar (als den einzigen Gott) zu erkennen.

Meine Auferstehung gab indessen über die Winke, welche in Meiner Lehre darauf hinwiesen, auch viel Aufschluss; doch dem Einfluss der Verstandes-Vernunft und Meinen Gegnern gegenüber sind dieselben noch für Viele ein Ärgernis, und hauptsächlich den Volks-Leitern selbst, weil eben ihr Vermittler-Amt zwischen Mir und den Seelen keinen Wert mehr hätte. *Darum sucht der Eigennutz und der Ehrgeiz derselben diese Meine Worte und Winke gerne in ein Geheimnis zu stellen, und den Menschen zum blinden Glauben zuzusprechen*, welcher aber so wenig Früchte tragen kann, als die Spreu, aus welcher der Kern ausgedroschen ist.

Darum muss Ich eben die falsche Anschauung und die irrige Lehre von der Versöhnung durch Jesus immer noch dulden, um doch auch aus diesen Seelen, welche dadurch zu Mir kommen, noch wahre Kinder zu erziehen, durch kräftiges Einwirken auf dieselben durch die Liebe. Dieser Weg ist zwar ein längerer und mühsamerer; aber er führt doch auch zum Ziel; denn *wo die Liebe zu Mir vorhanden ist, da kann Ich beeinflussen.* Freilich muss dieses auf vielerlei Weise geschehen; doch es muss also vollendet werden das Wort der Verheißung: „Es wird Ein Hirt und Eine Herde sein!"

So lange es aber noch viele Herden gibt, wird auch Ein Hirte nicht anerkannt; darum muss der Glaube an (und die Liebe zum) Einen Hirten zu der Vereinigung mit beitragen!

Amen!" *(Sacharia 14, 9.)*

J.La., Vaterbriefe, Band 3, 401. - 8. Juni 1884 „Wer Mich sieht, der sieht Den, Der Mich gesandt hat"

Die Versöhnungslehre vom Kreuz ist für Viele zu unfassbar

„Wer Mich sieht, der sieht den Vater.“ (Joh.14)

Jesus:

„An diesen Worten ärgerten sich die Schriftgelehrten und Pharisäer, was daher kam, weil sie ihren Gott und Vater in Seinem wahren Wesen (noch) nicht erkannten. Es war ihnen zu gleichgültig, Mich näher kennen zu lernen, sie befriedigten sich damit, dass sie das Volk Mir (als Jesus) gegenüber ängstlich machten, und es zu großen Opfern veranlassten, weil es so zu ihrem Vorteil gereichte.

Darum Meine Lehre, dass Ich und der Vater Eines seien, ihnen am unangenehmsten war, weil Ich ja arm, demütig und uneigennützig war, und alles was Ich tat und redete, den Stempel der Liebe trug; sie konnten Mich deshalb nicht nur als "Gottes Sohn" und Messias nicht gelten lassen, sondern mussten Mich als einen starken Gegner ihres Jehova erklären.

Dies gelang ihnen auch beim Volk mehr, als ihrer eigenen inneren Überzeugung gegenüber; dort machte sich der göttliche Funke ihres Geistes geltend, weil derselbe die Verwandtschaft zwischen Mir und ihm anerkannte; darum wollten sie Mich austilgen, und darum redete Ich bei vielen Gelegenheiten gerade über diesen Punkt, um die enge Verbindung zwischen Mir und dem Vater deutlich zu erklären.

Würde die jetzige Christenheit mit Liebe und eifrigem Bemühen, Mich im wahren Lichte zu erfassen, die Bibel lesen, dann könnte unmöglich so vielerlei Auslegung dabei vorkommen, sondern Mein Geist würde alle in die Wahrheit leiten; doch der Verdrehung der Bibelworte wird gerne gehuldigt, weil sie so dem natürlichen Menschen angenehmer sind und ihm besser zusagen; überall werdet ihr in Meinen Worten finden, dass das "Tun des Willen Meines Vaters" mit verbunden sein muss, um die Rechte zu erhalten, welche Ich denen verheiße, welche Mich als vom Vater ausgehend erkennen;

nirgends in der Schrift steht geschrieben, dass zwischen Mir und dem Vater zwar eine Versöhnung stattfinden muss, um vereint zu werden; Viele von den

Unaufgeklärten verstehen es aber doch so, und meinen auch, Ich habe Mich mit dem Vater erst im Tode völlig vereint. Es heißt aber doch deutlich: "Ich und der Vater *sind* Eins", eins in der Liebe, in der Gerechtigkeit usw.

Die Lehre des Evangeliums ist immer noch verdunkelt durch menschliche Auslegungen, welche dem Volk gegeben werden, weil eigenliebige Interessen (die Herrsch- und Gewinnsucht) bei den jetzigen Lehrern noch zu sehr mitwirken; darum kann Meine göttliche Wahrheit nur allein durch den Heiligen Geist ganz erlangt werden, Welcher bereit ist, allen beizustehen, *die Mich wirklich erkennen und lieben möchten*; diese sollen das Verhältnis zwischen Vater und Kind lebendig in sich selbst erfahren, und es so weit bringen, dass auch sie sagen können: "ich und der Vater sind eins", oder ich bin mit des Vaters Willen einverstanden.

Immer habe Ich einige wahre Kinder auf Erden, die durch Beeinflussung von oben sich angetrieben fühlen, recht in Mich sich hinein zu leben; diese Beeinflussungen werden in der Jetztzeit sehr verstärkt, darum auch hier und dort an manchen Orten Ich solche Wahrheiten, die zur Annäherung an Mich geeignet sind, niederschreiben lasse, durch Meine Diener vom Jenseits.

Denn das Vertrauen der Menschen zu Mir Selbst ist (im Verhältnis Meiner Liebe zu ihnen) sehr klein; die Versöhnungslehre vom Kreuz ist für Viele zu unfassbar, und wenn sie gleich in der Angst ihres Herzens dieselbe ergreifen, und Meine Gnade ihnen diesen Trost zukommen lässt, so führt es doch zu keiner Freudigkeit, mit Mir als dem Vater zu verkehren, sondern erzeugt immer wieder Furcht.

Darum, liebe Kinder, ist es von so großem Wert, dass der Heilige Geist in euch das wahre Licht anzünde, bittet um denselben anhaltend, damit Vater, Sohn und Geist in euch aufgenommen, geehrt und geliebt werden kann."

J. La., Vaterbriefe, Band 1, 177

Jesus hat vollbracht das Werk der Sühne, der Liebe und der Verzeihung

Der Herr:

„Was Ich vor Äonen von Zeiträumen beschloss und vor mehr als tausend Jahren begonnen habe, das nähert sich jetzt der Vollendung. Meine Religionslehre, Mein Wort, das mit keinem besseren vertauscht werden kann – es mögen die Menschen noch so grübeln und denken –, Meine Liebelehre muss zur allgemeinen Geltung gelangen! Es muss die Liebe allein regieren, und alle Leidenschaften des menschlichen Herzens, die nur darum von Mir in dasselbe gelegt wurden, um durch Kampf gegen sie die Liebe zu verdienen und zu erringen, alle diese Leidenschaften des menschlichen Herzens müssen beherrscht zu den Füßen des Altars der Liebe liegen. Hass, Rache, Stolz und wie sie alle heißen, diese mächtigen Triebe des Bösen im Menschen, müssen alle zum Schweigen gebracht werden. Das Kreuz, auf welchem Ich einst angenagelt für die verirrte Menschheit um Verzeihung bat, muss als Symbol der Versöhnung von jedem geliebt, geehrt und im Prüfungsfall selbst getragen werden, zur Erinnerung an den Weg, den Ich gezeigt, und der den Menschen allein zur geistigen Höhe führen kann.

Wie in Meinem Lebenswandel auf Erden gegen das Ende hin die Umstände scheinbar gegen Mich arbeiteten, scheinbar Meinen Untergang und Tod herbeiführten und doch durch die Auferstehung aus der Materie und die Heimkehr in Mein geistiges Reich Meinen größten Triumph bewirken mussten, so mehren sich auch jetzt für die Menschen scheinbar die Unglücksfälle, mehren sich die Anzeichen furchtbarer Katastrophen. Der Mensch soll aus ihnen wie der Vogel Phönix aus der Asche verbrannter, weltlicher Ansichten und Vorurteile unversehrt als geistiges Produkt seines Schöpfers, als geistiges Kind eines noch höheren geistigen Vaters hervorgehen.

Dahin zielt alles, dahin treibt wie ein steuerloses Schiff die ganze Menschheit. Zerbrochen werden müssen alle die künstlichen Schutzwände, die der menschliche Verstand wie Eisenpanzer um das für die Liebe schlagende Herz gezogen hat. Es müssen vernichtet werden die Schranken von Geburt, von Rang, von oberflächlichem Wissen. Der Mensch muss aufhören, mit dem Verstand zu denken, und mit dem Herzen fühlen lernen. Das warme Feuer der Liebe muss zuerst seine ganze Seele erwärmt haben, dann erst kann die Weisheit, als regelnder Trieb der Liebe Schranken setzen und die Menschheit all das fühlen lassen, womit Ich sie ausgestattet und wozu Ich sie so und nicht anders erschaffen habe.

So oft Ich als Christus auf der Welt Meinen Vater im Himmel anrief, war es stets die Weisheit, welche die Liebe anrief, um durch dieses Anrufen ihr unbegrenztes Wirken zu zügeln. So wie die Weisheit und Liebe nur miteinander bestehen können, ebenso war Ich als Christus mit Meinem Vater, der Liebe, verbunden nur eins, und deswegen konnte Ich sagen: „Mich kennt niemand als der Vater im Himmel, und nur Ich kenne Ihn!“ oder „Ich gehe heim zum Vater!“ usw. Dadurch wollte Ich sagen: Die ganze Welt ist geschaffen aus Liebe; aber die Weisheit hat ihre Bedingungen geregelt. Die Liebe schuf, die Weisheit erhält. Die Liebe als ‚Vater‘ stellte das höchste Symbol der Reinheit auf, und Ich, die Weisheit, als ‚Sohn‘

bewies sie durch die Tat. Und wie Liebe und Weisheit, nur vereinigt, das ganze Ich Meines eigenen Wesens ausmachen und dort im vollkommensten Abbild bestehen, so soll auch der Mensch als Abkömmling von Mir der Ausdruck der Liebe und Weisheit werden. *Er soll zuerst lieben und dann weise sein lernen*, um Mich, Meine Schöpfung und seine Mission ganz zu erkennen und zu begreifen.

Dahin zielt Mein Streben mit euch, alle die Ereignisse treiben euch dahin, die Wiedergeburt eures Jesus im Innern zu vollführen, Er möchte euch dort als Ausdruck von Weisheit und Liebe führen und leiten, bis in kurzer Zeit dieser Schöpfer alles Sichtbaren, der Herr aller Heerscharen, als Vater (Liebe) gepaart mit dem Sohne oder Christus (Weisheit), in Person wieder sichtbar auf die Erde treten und zum zweiten und letzten Mal aussprechen kann, was Er am Kreuz vor mehr als tausend Jahren ausgerufen hat, nämlich: „Es ist vollbracht, – es ist vollbracht das große Werk der Sühne!“

Ich habe Meinen Geistern gezeigt, wie das für sie Unmögliche möglich geworden ist. Ich bin mit dem Beispiel vorangegangen und habe nun Meine Wesen auf dieser kleinen Erde zu großen Bürgern Meines unendlichen Reichs, zu Meinen einzigen Kindern gemacht.

Es ist vollbracht, was Ich einst in der Wiege, in einer Höhle bei Bethlehem, als unmündiges Kind begonnen habe, was dort schon von Millionen Engelsgeistern besungen, aber von den Menschen nicht verstanden, höchstens von einigen schwach geahnt wurde.

Ich habe es vollbracht das Werk der Sühne, der Liebe, der Verzeihung. Gereinigt ist die Welt von allen unreinen Schlacken des Eigennutzes, und wenn auch Drangsale und Unglücksfälle die irdischen Körper der Menschen zerstören, – dem Geist- und Seelenmenschen können sie nichts anhaben. Er steht hoch erhaben über den Trümmern der Welt, seine Arme ausbreitend nach dem göttlichen Retter, der – wie einst dort – allen zurufen wird: Kommet her, ihr alle, die ihr beladen seid, auf dass Ich euch eure Last abnehme und euch erquicke! Kommet her, ihr Kämpfer *für Liebe und Weisheit*, euch sei die Krone des Lebens, euch seien die Schranken der Geisterwelt geöffnet, damit ihr sehen möget, wie die Engelscharen wieder frohlocken und Loblieder singen dem Herrn, dem Vater, mit den nämlichen Worten wie einst: „Ehre sei Gott in der Höhe und Friede den Menschen auf Erden!" Denn Er kam in Sein Eigentum, und Seine Kinder haben Ihn erkannt."

G.M., Predigten des Herrn, 1,5

Der freie Wille des Menschen. Die Hilfe der göttlichen Gnade

Sagt der Erzengel Raphael, der mit dem Herrn bei den Seinen gelegentlich begleitend und unterrichtend anwesend war:

»Ich sage es dir: Ein jeder Mensch wird zuerst aus sich selbst schlecht und der göttlichen Ordnung abtrünnig! Dazu wird er freilich wohl zumeist durch eine ganz verkehrte Erziehung präpariert und gerät so in allerlei üble Leidenschaften und aus diesen in allerlei wahre Sünden. Durch diese aber öffnet er dann auch allen argen fremden Einwirkungen die Türen und kann also im Grund und Boden des seelischen Lebens verdorben werden und auch bleiben, - aber doch immer nur, wenn er es selbst so will.

Will er sich ändern, so steht ihm vom Herrn aus nichts im Weg; denn ein Bedrängter darf ja nur den leisesten Wunsch in sich äußern, und es wird ihm alsbald Hilfe gegeben. Aber so er sich in seiner Bosheit ganz wohl und zufrieden befindet und nie einen besseren Wunsch von sich und in sich vernehmen lässt, da freilich wird ihm in seinem Willen keine besondere Einstreuung gemacht.

Wohl wird es in seines Herzens Sensorium, das man >Gewissen< nennt, eingeflüstert, und er bekommt von Zeit zu Zeit ganz tüchtige Mahnungen von uns aus. Kehrt er sich nur einigermaßen daran, so ist da von einem Verlorengehen und Verdorbenwerden keine Rede mehr. Da kommt dann die geheime Hilfe unablässig von oben und verleiht der Seele stets Einsicht und Kraft, sich aus dem großen Gewirr mehr und mehr loszumachen; und es gehört dann nur so ein wenig guten Willens dazu, und es geht dann schon recht hurtig vorwärts, - wenigstens bis dahin, wo der Mensch, für eine höhere Offenbarung geeignet, vom Geiste Gottes Selbst ergriffen und weiter im wahren Lebenslicht geführt wird.

Aber wo sich natürlich der Mensch in seiner groben Verblendung und in seinem Weltsinnenrausch an die gar sanften und leisen Mahnungen, von uns ausgehend und sich im Herzen kundgebend, gar nicht im geringsten kehrt, sondern schon gleich tut, als wäre er ein Herr der ganzen Welt, - ja, da hat dann doch wohl niemand anders die Schuld am unverbesserlichen Zustand der eigenen Seele als eben die höchst eigene Seele für sich selbst!

Glaube es mir, und merke wohl auf, was ich dir nun sage! Es gibt in der ganzen Natur- und Geisterwelt keine sogenannten Urteufel, sondern nur solche, die schon früher als unverbesserlich schlechte und lasterhafte Menschen einmal auf der Welt gelebt haben und schon da als die ganz eigentlichen, eingefleischten Teufel die anderen Menschen zu allerlei Lastern und Schändlichkeiten nicht nur verlockten, sondern auch mit allen ihnen zu Gebote stehenden Zwangsmitteln dazu nötigten, - wodurch sie sich aber in sich selbst eine desto größere Verdammnis bereiten, aus der sie sich schwer je völlig herauswinden werden. Du magst hier nun denken, wie du magst, kannst und willst, so wird es dir nicht möglich sein, dem Herrn auch irgend im geringsten nur eine Schuld beilegen zu können.

Dass aber dann auch jenseits vom Herrn in der ordnungsmäßigen Art alles Mögliche zugelassen wird, um eine verdorbene Seele zu heilen, kannst du dir wohl denken; denn der Herr hat keine Seele fürs Verderben, sondern nur für die möglichste Lebensvollendung erschaffen. Aber das kannst du dir auch merken, dass da im ganzen, unermesslichen Schöpfungsraum keine einzige Seele durch ein irgend unvermitteltes, ganz unbedingtes Erbarmen zu einer Lebensvollendung gelangen kann, sondern nur durch ihren höchst *eigenen Willen*! Der Herr lässt dem Menschen wohl allerlei Hilfsmittel in die Hände spielen; aber dann heißt es beim Menschen, diese als solche erkennen, sie mit dem eigenen Willen ergreifen und selbst wie ganz eigenmächtig gebrauchen!

Ja, wenn dann ein Mensch frei aus sich ruft und sagt in seinem Herzen: >Herr, ich bin zu schwach, mir mit den von Dir mir dargereichten Mitteln zu helfen;

hilf Du mir mit Deinem Arm!<, - ah, da hat der Mensch *selbst die höhere Hilfe begehrt mit dem eigenen Willen und aus der eigenen Erkenntnis und Innenerdung der unzulänglichen Kraft*! Da kann dann der Herr auch sogleich mit aller der erforderlichen Macht und Kraft einwirken und einer schwachen Seele augenblicklich helfen.

Aber es muss da des Menschen Wille wie sein Erkennen und Vertrauen von der vollsten Entschiedenheit durch und durch begleitet sein. Denn es bleibt sonst bei der Ordnung, demnach sich eine jede Seele mit den dargebotenen Mitteln selbst helfen muss, weil jede fremde Einstreuung in das Hauselement des Eigenwillens eine offenbare Auflösung des Wesens der Seele zur notwendigen Folge haben müsste Denn wenn die Seele sich selbst bilden muss nach der ewig notwendigen Anordnung des Herrn, so muss sie sich auch selbst bilden und vollenden mit den dargebotenen Mitteln, gleichwie auch ein jeder Mensch auf der Erde sich selbst des Leibes Nahrung suchen, sie erkennen und genießen muss, so er sein irdisches Leben fristen will.

Da steigt kein Gott und kein Engel auf die Erde und

sagt allenthalben: >Seht, dies und jenes esst, so es euch hungert!<, sondern es kommt der Hunger und der Mensch kostet mit seinem Gaumen die überall wachsenden Früchte, und die ihm munden, die ergreift er und stillt sich mit ihnen ganz behaglich seinen Hunger. Dürstet es ihn, so eilt er zu einer frischen Quelle, und friert es ihn, so wird er sich bald aus allerlei feinsten Stoffen, die seine Haut nicht reizen und stechen, eine Hülle zur Not zusammenflechten und seine Haut also verwahren vor der Kälte der Luft. Und will er geschützt vor Regen und wilden Tieren sein, so wird er auch bald mit einer Hütte fertig sein; denn es sind ihm dazu ja allerlei Mittel geboten. Wo er sich nur hinwendet, findet er gleich eine Menge Gaben, die er als solche leicht erkennen und auch mit den ihm dafür verliehenen Kräften ebenso leicht gebrauchen kann.«

J.L., Großes Evangelium Johannes - Band 5 / 97. Kapitel

Der Mensch muss auf Erden oder dessen Seele im Jenseits zu JESUS finden

Der Herr:

„Eine Rückkehr zur Erde zwecks Abbüßung der Sündenschuld anzunehmen ist völlig irrig, wenngleich das Gesetz göttlicher Gerechtigkeit ein Ausgleichen aller Schuld fordert. Doch *Mir stehen wahrlich viele Möglichkeiten offen, so dass einmal auch sicher alle Schuld getilgt sein wird und das Wesen wieder in das Reich des Lichtes und der Seligkeit aufgenommen werden kann*, das ihm im Zustand der Schuldhaftigkeit verschlossen ist.

Das jenseitige Reich, in das die Seele nach dem Tode ihres Leibes eingeht, ist ihrem Reifezustand entsprechend, so dass sie sowohl in tiefster Finsternis als auch im hellsten Licht sich befinden kann und entsprechend nun auch ihr Los qualvoll oder auch herrlich sein kann.

Und es sind sowohl die Qualen als auch die Herrlichkeiten unbeschreiblich und können euch Menschen nicht geschildert werden, und so können auch die Qualen, also das Los der unerlösten, sündigen Seelen, entsetzlich sein, und die Seele leidet also für ihre Schuld oder um ihrer Schuld willen oft unvorstellbar, also sühnt sie auch durch dieses Leid viel von ihrer Schuld ab.

Und es kann ihr Leidenszustand auch sich über ewige Zeiten erstrecken, wenn sie unverbesserlich ist, wenn sie nicht die *Ratschläge geistiger Führer* annimmt, die ihr aus diesem Elend heraushelfen wollen.

Denn sie kann nicht in das Lichtreich eingehen, bevor sie ihre Schuld getilgt hat, soweit es sich um die auf Erden begangenen Sünden handelt. Da aber die Urschuld ihres Abfalles von Gott weit größer ist und diese Schuld niemals von dem Wesen selbst getilgt werden kann, muss der Mensch auf Erden oder dessen Seele im Jenseits unwiderruflich zu Jesus Christus finden, denn Er allein kann sie frei machen von dieser Schuld, für die Er am Kreuz gestorben ist.

Ohne Jesus Christus kommt die Seele niemals von ihrer Schuld los, und ob sie noch so lange Zeiten in der

Finsternis im jenseitigen Reich schmachtet. Sie muss also Jesus anrufen um Erbarmen, um Vergebung ihrer Schuld, und es werden ihre geistigen Helfer immer wieder versuchen, sie dazu zu bewegen, dass sie Erlösung sucht bei Ihm, Der für diese Schuld Sein Leben hingegeben hat.

Und übergibt sich nun die Seele Ihm, so wird sowohl die Urschuld getilgt sein als auch die Sündenschuld, die sie im Erdenleben auf sich geladen hat. Dann wird sie frei sein von aller Schuld und um des Blutes Jesu willen aufgenommen werden in das Reich des Lichtes und der Seligkeit.

Ist die Seele jedoch so verstockt, dass sie sich nicht an Ihn wendet trotz aller Vorstellungen der Lichtwesen, die ihr helfen wollen, so sinkt sie stets tiefer ab, ihre Qualen sind unermesslich, und gelingt es ihr nicht, noch aus der Hölle emporzusteigen, *was auch dann noch möglich ist* mit Hilfe der Lichtwesen, dann muss sie wieder den Weg durch die Schöpfungswerke antreten, *um einmal doch zum letzten Ziel zu gelangen....* Doch es ist diese Rückkehr zur Erde nicht die Wiederverkörperung der Seele, die ihr Menschen annehmt, und sie ist auch alles andere als wünschenswert, weil es wieder ein endlos langer Qualzustand ist für die in kleinste Partikelchen aufgelöste Seele, bis sie wieder in das Stadium als Mensch gelangt.

Das eine muss euch Menschen immer wieder gesagt werden, dass ihr niemals von eurer Schuld freikommt ohne Jesus Christus. Das Erlösungswerk Jesu ist darum so bedeutungsvoll, weil Er allein die Tür ist zum Lichtreich. Denn ob ihr auch durch große Qualen im Jenseits die Sündenschuld, die ihr im Erdenleben auf euch geladen habt, abbüßt, ihr könnt dennoch nicht das Lichtreich betreten, wenn ihr nicht durch Jesus Christus eurer Urschuld ledig geworden seid.

Und ebenso würde euch auch ein nochmaliges Erdenleben nichts nützen, in dem ihr wieder neue Schuld hinzufügtet und zuvor Jesus finden müsstet, *Den ihr aber auch im Jenseits finden könnt*, also nicht deshalb zur Erde zurückzukehren braucht.

Immer wieder mache Ich euch Menschen auf diese Irrlehre aufmerksam, weil ihr durch diese auch das Erlösungswerk entwertet, weil ihr durch diese Irrlehre eure Mitmenschen glauben machen wollt, dass ihr selbst die Schuld abzutragen fähig seid, und ihr darum an Jesus vorübergeht, ohne Den ihr jedoch niemals frei werden könnt von eurer Urschuld, die auch durch noch so große Qualen auf Erden oder im Jenseits nicht getilgt werden kann.

Lasset euch von der Wichtigkeit dessen überzeugen, dass ihr den Weg zum Kreuz nehmen müsst, und betrügt euch nicht selbst mit falschen Hoffnungen, durch die ihr nur euren unerlösten Zustand verlängert und endlos lange Zeit in der Finsternis schmachtet, denn Er allein ist das Licht, Das zur Erde herabstieg, Das euch Rettung gebracht hat von Sünde und Tod, wenn ihr nur freiwillig Ihn um Vergebung eurer Schuld angeht, wenn ihr euch nicht darauf verlasst, in weiteren Erdenleben selbst mit eurer Schuld fertig werden zu können und ihr durch einen solchen Glauben immer nur den Zustand der Finsternis und der Leiden verlängert, denn ohne Jesus Christus und Sein Erlösungswerk werdet ihr ewig nicht zum Licht gelangen, zur Freiheit und Seligkeit.... ohne Jesus Christus könnt ihr nicht frei werden von eurer Schuld."

B.D., Nr. 8495 vom 13.05.1963, enthalten in Buch 89

Ich habe wahrlich viele Schulhäuser in Meinem Universum

Der Herr:

„Ihr Menschen könnt auf Erden unvorstellbar viel erreichen, ihr könnt während eines Erdenlebens den höchsten Grad der Reife, die Gotteskindschaft, erreichen, denn dafür bin Ich Selbst als Mensch Jesus am Kreuz gestorben.... Und es wird euch stets Mein Wille kundgetan durch Mein Wort, und ein unermesslicher Gnadenschatz steht euch ständig zur Verfügung.

Wer aber alles dessen nicht achtet und sein seelisches Ausreifen nicht anstrebt, der wird auch unwiderruflich die Folgen tragen müssen im geistigen Reich, doch *durch Meine übergroße Liebe und Barmherzigkeit auch dann noch zur Höhe steigen können*, wenn es sein Wille ist, denn Ich habe wahrlich viele Schulhäuser in Meinem Universum, wo ihr noch viel nachholen doch nur schwerlich den Grad der Gotteskindschaft erreicht, der euch zu Meinen Erben macht, den ihr aber nur über den Erdenweg erreichen könnt“

B.D., Nr. 5188 vom 13.08.1951, enthalten in Buch 58

Kapitel 2
Die Mission Jesu Christi

Das Erlösungswerk Jesu

Der Herr:

„Die Rückkehr zu Mir war gewährleistet durch Mein Erlösungswerk.

Einmal wird alles Geistige wieder bei Mir weilen können, einmal werden alle einst von Mir ausgegangenen Wesen wieder von Meiner Liebe durchstrahlt werden, wie es war zu Anbeginn, denn Ich habe durch Meinen Opfertod am Kreuz die Brücke geschlagen aus der Tiefe zur Höhe, aus dem Reich der Finsternis in das Reich des Lichtes und der Seligkeit.

Und es wurde durch Meinen Tod am Kreuz die übergroße Schuld getilgt, die alle Wesen von Mir trennte, die Meinem Gegner folgten in die Tiefe.

Bis zu Meinem Kommen zur Erde bestand

zwischen den Menschen und Mir eine unüberbrückbare Kluft, die sie selbst geschaffen hatten, die sie aber selbst nicht mehr überbrücken konnten, weil sie zu schwach waren, weil die Last der Sünde (Gottesferne) sie zu Boden drückte und sie auch gehindert wurden von Meinem Gegner, Unternehmungen zu machen zum Überbrücken jener Kluft. Und so erbaute Ich eine Brücke, indem Ich Selbst zur Erde niederstieg und nun erst die große Schuld tilgte, indem Ich die Last der Sünde von den Menschen nahm und auf Meine Schultern lud und damit den Weg zum Kreuz ging.

Was vorher unmöglich war, ist nun möglich geworden: dass sich die Menschen guten Willens Mir anschließen und *den Kreuzweg gehen*, dass sie sich nur noch an Mich halten und Mich nicht mehr auslassen, dass sie zu denen gehören wollen, für die Ich am Kreuz gestorben bin, und dass sie nun die restlose Vergebung ihrer Schuld finden und wieder zurückkehren können zu Mir in das Reich des Lichtes.

Ich ließ die Menschen in ihrer Not nicht allein, Ich kam ihnen zu Hilfe, Ich barg Mich in der Hülle eines Menschen und vollbrachte in diesem Menschen Jesus nun das Erlösungswerk, weil Ich einen Weg anbahnen wollte, der aus der Tiefe wieder zurückführte zur Höhe.

Und Mein Erdenwandel war bis zu Meinem Tode ein Wandel in Liebe, denn den Menschen mangelte die Liebe, und darum habe Ich sie ihnen vorgelebt, weil die Liebe allein erlösend ist, weil die Liebe das Gesetz ewiger Ordnung ist und weil, *wer zu Mir zurückkehrt, unwiderruflich sein Wesen zur Liebe wandeln muss, um sich mit Mir wieder vereinigen zu können*, Der Ich die Liebe Selbst bin.

Und so wurde eine Brücke geschlagen vom Reich des Lichtes zur Erde, als Ich Selbst auf die Erde hernieder stieg Und diese Brücke müsst ihr Menschen alle gehen, um wieder zu Mir zu gelangen, Der für euch unerreichbar war durch eure Schuld.

Aber Meine Liebe ist größer als eure Schuld, und Meine Liebe suchte einen Ausweg, sie suchte wieder die Verbindung herzustellen zwischen euch und Mir, die von euch aus unterbrochen war...

Und so fand Ich einen Weg: Meine Liebe Selbst tilgte die Schuld und machte euch den Rückweg zu Mir frei. Es war nun eine Verbindung geschaffen vom Lichtreich zur Erde, weil eine Seele des Lichtes zur

Erde herabstieg, in der Ich Selbst Mich verkörpern konnte; denn diese Seele zog Fleisch an, es wurde der Mensch Jesus geboren, Der nun den Weg ging, auf dem Ihr Menschen alle ihm nachfolgen könnt, auf dem ihr ins Lichtreich gelangen könnt und eure Rückkehr zu Mir dann vollzogen ist.

Meine Liebe hat diese Brücke für euch erbaut, denn Meine Liebe bezog diese Hülle und ging für euch den Weg zum Kreuz, d.h., sie tilgte die unermessliche Schuld, die euer Abfall von Mir gewesen ist und die die unüberbrückbare Kluft zwischen dem Lichtreich und der Finsternis geschaffen hatte. Meine Liebe zu euch ist grenzenlos, und sie will euch, Meine Geschöpfe, wieder zurückgewinnen.

Doch Meine Gerechtigkeit ließ es nicht zu, dass Ich euch wieder annahm, ohne dass eure Schuld getilgt war. Und so hat Meine Liebe auch die Tilgung der Schuld übernommen, es brachte ein Mensch das Sühneopfer für euch, und in diesem Menschen war Ich Selbst. Was vor Meinem Kreuzestod nicht möglich war, das wurde durch den Kreuzestod möglich: dass ihr euch wieder Mir nähern durftet, dass ihr in eure wahre Heimat zurückkehren konntet, in das Lichtreich, wo ihr in Licht und Kraft und Freiheit wieder schaffen könnt wie im Anbeginn. Es war der Weg frei zu Mir, ihr konntet eure Schuld zurücklassen unter dem Kreuz, ihr konntet euch der Liebe und Gnade Jesu, eures Erlösers, übergeben, und Er öffnete euch nun die Pforte zur Seligkeit, zum Reich des Lichtes.

Aber auch diese eure "Erlösung" ist Angelegenheit eures freien Willens, ansonsten alles Geistige schlagartig wieder im Reich des Lichtes weilen könnte, doch dann nicht Mein Ziel erreicht wäre, euch zu Kindern heranzubilden. Ihr müsst im freien Willen den Weg zum Kreuz nehmen (d.h. den Weg der Entsagung und der Läuterung), ihr müsst im freien Willen um die Vergebung der Sünden bitten, und ihr müsst im freien Willen eure Erlösung begehren und zu Mir Selbst kommen in Jesus Christus. Und sie wird euch werden, ihr werdet zu Mir zurückkehren und freudig aufgenommen werden von eurem Vater, Der Selbst zur Erde herabgestiegen ist, um euch zu erlösen.“

B.D., Nr. 7781 vom 26.12.1960, enthalten in Buch 81

Erklärung notwendig von der Mission Jesu

Der Herr:

„Es muss euch Menschen Aufschluss gegeben werden in der rechten Weise, dann werdet ihr auch nicht die Glaubenslehren ablehnen, die euch unterbreitet werden über Jesus Christus als Gottes Sohn und Erlöser der Welt. Das Problem Seiner Menschwerdung und Seines Todes am Kreuz ist so überaus schwer verständlich, wenn es euch nur als geschichtliche Tatsache hingestellt wird, weil euch dann die Handlungsweise des Menschen Jesus unverständlich ist, weil ihr dann nicht begreifen könnt, was dieser Menschwerdung und dem Sterben am Kreuz zugrunde liegt, und ihr dann geneigt seid, eine Mission für die gesamte Menschheit abzustreiten.

Wird euch aber die Begründung wahrheitsgemäß gegeben, dann lernt ihr auch das Erlösungswerk Christi verstehen, und dann stellt ihr euch anders dazu ein als bisher. Dass den Menschen das Wissen darüber fehlt, liegt nicht daran, dass ihnen bisher die Wahrheit vorenthalten worden wäre, es liegt allein daran, dass die Menschen sich selbst für die Entgegennahme eines solchen Wissens unfähig gemacht haben, dass sie desto mehr rein weltlich das Leben und Sterben Jesu Christi betrachten, je gleichgültiger sie sind, darüber die Wahrheit zu erfahren.

Sowie Gott in einem Menschen nur die leiseste Frage darüber ersieht, gibt Er ihm auch Aufklärung, doch selten nur stellt ein Mensch diese Frage und verlangt danach, Aufschluss zu erhalten über den Menschen Jesus, Der als Gott anerkannt werden soll. Und doch ist der Glaube daran unbedingt nötig, wenn der Mensch sich auch in den Segen des Erlösungswerkes setzen will.

Darum gibt Gott den Menschen eine Aufklärung, die sie wohl annehmen könnten, wenn sie ernstlich strebten nach der Wahrheit. Gott gibt, was die Menschen von selbst nicht mehr verlangen, Er teilt das aus, woran die Menschen Mangel haben. Er vermittelt ihnen ein Wissen, das bei gutem Willen den Menschen Licht geben könnte, das für sie Erkenntnis bedeutet, wenn sie es nur annehmen. Er sucht den Menschen das

Liebewerk Jesu begreiflich zu machen, dass es *nicht irdische oder weltliche Beweggründe waren, die den Menschen Jesus so leben und leiden und sterben ließen, sondern eine geistige Ursache Seinem Erdenwandel zugrunde lag,* eine unvorstellbare Not von den Seelen der Menschen abzuwenden, die sich auf ewige Zeiten erstreckte und die nur die Liebe eines Menschen beheben konnte.

Um die geistige Ursache müssen die Menschen wissen, soll das Erlösungswerk Jesu Christi recht gewertet und die Gnaden dessen angenommen werden. Es müssen die Menschen wissen, dass sie einem unvorstellbar qualvollen Zustand entgegengehen, wenn sie Jesus Christus nicht als Erlöser anerkennen, und dann auch nicht zu den Erlösten gehören, für die der Mensch Jesus Christus am Kreuz gestorben ist. Sie sollen wissen, dass es nicht gleich ist, ob sie Ihn anerkennen oder nicht.

Und um Ihn anerkennen zu können, sollen sie eingeführt werden in die Wahrheit. Sie sollen recht belehrt werden von Gott Selbst, was den Menschensohn bewog, ein übermenschliches Leid auf Sich zu nehmen, das mit Seinem Sterben am Kreuz endete."

B.D., Nr. 5789 vom 14.10.1953, enthalten in Buch 63

Jesus zeugt von Sich und Seiner Mission

Der Herr mit Seinen Jüngern in einer Herberge im Jordantal, als der Wirt recht kritische Bemerkungen über das Judenvolk äußert:

Sagte Ich (Jesus) zum Wirte: »Du hast wohl ganz recht in deinem Urteil, aber du musst auch bedenken, dass du im andern Gastzimmer Jerusalemer zu Gästen hast, und ob dich nicht einer geheim behorcht und dir dann allerlei Anstände und Verdrießlichkeiten macht!«

Sagte der Wirt: »Dessen sei du, lieber, wundersamer Freund, völlig unbesorgt, denn die meisten Jerusalemer von Stand und Ansehen kennen mich schon und wissen recht gut, dass ein römischer Krieger vor ihnen keine Furcht hat! Ich habe ihnen schon ganz andere

Wahrheiten ins Gesicht geschleudert, und sie mussten sie einstecken, da sie wohl wussten, mit wem sie es in mir zu tun hatten. Und somit werde ich vor diesen etlichen zwanzig Juden auch keine Furcht an den Tag legen, denn ich besitze noch mein Schwert, mit welchem ich mich getraue, hundert von diesen Jerusalemischen Feiglingen jählings in die Flucht zu schlagen!«

Sagte Ich: »Ich kenne wohl die Biederkeit, Gerechtigkeit und den Mut der Römer, wie auch die beinahe schon bis an das Unbegrenzte reichende Falschheit der Juden, namentlich der Templer zu Jerusalem, - aber dennoch bleiben die letzteren das erwählte Volk des allein wahren Gottes, an den ihr Römer auch glaubt, da ihr diesem allein wahren Gott einen Tempel erbaut habt und habt ihm den Namen gegeben: der Tempel des unbekannten Gottes. Dennoch aber bleibt, wie gesagt, das jüdische Volk das von diesem allein wahren Gott schon von Uranbeginn der Menschheit dieser Erde erwählte Volk Gottes.

Aber das sage Ich dir auch, dass dieser Titel diesem Volke bald genommen werden wird und wird gegeben werden euch Heiden. Dieses jetzt so groß und hochmütig tuende Volk wird in alle Welt zerstreut werden, und es wird kein Land und keinen König aus seinem Stamme besitzen bis ans Ende der Zeiten.

Ich weiß, dass Mich dieses Volk über alles hasst und verfolgt, und dennoch werde Ich nach Jerusalem hinaufziehen müssen und werde Mich ihrem großen Hass und Zorn gegen Mich nimmer entziehen können und wollen, und das Opfer, das durch Mich dargebracht wird, wird für alle Menschen der Erde das Tor in das Reich Gottes auftun.

Bis jetzt herrschte noch immer der alte Tod und die Sünde, durch die der Tod in die Welt gekommen ist, durch das Gesetz, das zu allen Zeiten dem Menschen gegeben wurde; nach Meinem Opfer aber wird herrschen das Leben durch die Lehre Dessen, der geopfert wird, durch die vollste Freiheit des Glaubens.

Jedermann, der da die Wahrheit suchen wird, wird da dieselbe leicht und sicher finden und wird dadurch in sich haben das freieste, ewige Leben.

Ich bin einer der Ersten, der diese Lehre in die Welt gebracht hat. Ich kam zu den Meinigen, aber diese haben Mich nicht erkannt und haben Mich nicht aufgenommen, sondern sie verfolgen Mich noch allenthalben auf allen Wegen und Stegen, - daher werde Ich aber auch Mein Angesicht von ihnen abwenden und euch Heiden zuwenden.

Du bist ein Heide, und Ich bin ein Jude, - dennoch bin Ich bei dir eingekehrt mit Meiner ganzen Jüngerschar, und wie du weißt, habe Ich dir nur Gutes getan, und was Ich dir getan habe, das habe Ich schon vielen deines Stammes getan und werde es fortan tun bis uns Ende der Zeiten!«

Sagte darauf der Wirt: »Aus diesen deinen Worten, wundersamer Meister, weht ein sonderbarer Geist, und es kommt mir so vor, dass du bei weitem mehr bist als irgendein Prophet des jüdischen Volkes, von denen ich auch schon viel Großes gelesen habe! Auch diese Propheten wirkten mehr oder weniger Wunderzeichen; doch von der Art, wie du sie gewirkt hast, habe ich nie etwas gehört. Auch fehlte ihnen dein Wort, denn so wie du redest, sprach auch nicht einer von ihnen. Die zwei größten der altjüdischen Propheten waren offenbar Moses und Elias. Sie brachten eine große Lehre aus dem Geiste Gottes in ihnen unter die Menschen in diese Welt und wirkten auch Zeichen, die groß waren; allein gegen dich erscheinen sie doch nur als ganz kleine Menschen, die ihren Nebenmenschen das gegeben haben, was sie selbst empfangen haben.

Bei dir scheint es aber ganz anders zu sein; denn du sprichst wie aus dir selbst und handelst wie aus ganz eigener, in dir wohnender Kraft und Macht. Die andern Propheten mussten bitten ums Wort und um die Machtgabe zur Tat, - du brauchst nicht zu bitten, sondern handelst wie ein Herr, der niemanden zu bitten braucht, dass ihm ein höheres Gottwesen das Wort einhauche und ihn stärke zur Tat.

Siehe, du wundersamer Meister, ich als ein viel erfahrener, alter römischer Krieger habe diese Beobachtung an dir gemacht, und ich glaube, dass ich mich in meinem Urteil über dich nicht im geringsten getäuscht habe; ich möchte darum von dir selbst aus deinem Munde vernehmen, was du über dich selbst aussagst!«

Sagte Ich: »Mein lieber Freund, dazu ist der morgige Tag bestimmt; du wirst Mich dann näher kennenlernen, sowie auch deine Nachbarn! Ich will aber heute in dieser Hinsicht nichts reden wegen der Pharisäer und andern Juden, die in dem Nebengastzimmer gegenwärtig sich noch mit Brot, Wein und andern

Speisen ihre Bäuche voll anstopfen, die so ganz eigentlich ihre Götter sind; denn keiner von ihnen glaubt mehr an den allein wahren Gott Abrahams, Isaaks und Jakobs, und weil sie an Den nicht glauben, so glauben sie auch Moses und den Propheten nicht, und an Mich nun um so weniger! Daher tun wir nun am besten, dass wir noch Wein nehmen, Brot und etwas Fleisch, jeder nach seinem Bedürfnis, und so wir schon dazwischen etwas reden, so reden wir mehr über so manche anderen Dinge und lassen das, was Mich betrifft, für heute beiseite!«

J.L., Großes Evangelium Johannes - Band 10 / 234. Kapitel

Die geistige Mission Jesu

Der Herr:

„Wenn ihr die hohe geistige Mission des Menschen Jesus erkannt habt, dann wird es euch auch verständlich sein, warum unausgesetzt des göttlichen Erlösers Erwähnung getan werden muss, denn erst, wenn der Mensch frei ist von seiner Urschuld, ist ihm ein Aufstieg in lichte Höhen möglich. Die Menschen wissen nicht um diese Urschuld, und darum wissen sie auch nicht, was das Erlösungswerk bedeutet. Sie können keinen Zusammenhang finden zwischen dem Kreuzestod des Menschen Jesus, an Den sie vielleicht noch glauben, und der Seligwerdung der Menschen. Und darum lehnen so viele Ihn ab, weil ihnen dieses Erlösungswerk nur verkündet, aber nicht wahrheitsgemäß begründet wurde.

Und wiederum kann eine solche Begründung nur denen gegeben werden, die ernstlich Aufklärung wünschen, und es werden das immer nur wenige sein. Denn auch die deutlichsten Erklärungen wären den Menschen unbegreiflich, die keinen Blick tun in das geistige Reich, die nur die irdische Welt anerkennen und alles, was ihnen sichtbar und beweisbar ist.

Die Mission des Menschen Jesus war aber keine nur irdische Angelegenheit, wenngleich sie den Menschen sichtbar vor sich ging. Sie hatte eine tiefe geistige Begründung, und solange die Menschen nicht um diese wissen, stehen sie auch noch nicht dem göttlichen Erlöser Jesus Christus als schuldbeladene Brüder gegenüber, die Ihm ihre Schuld aufbürden, die Ihn bitten um Tilgung. Und doch muss diese Bitte vorangehen, wollen sie Erlösung finden, und sie müssen darum wissen um ihre Sündenschuld, um das große Vergehen gegen Gott, das sie sündig werden ließ und das nicht anders als durch jenes große Sühneopfer des Menschen Jesus getilgt werden konnte.

Solange sich also die Menschen nicht sündig fühlen, gehen sie nicht den Weg zu Ihm, zum Kreuz mit ihrer Schuld. Und so lange erkennen sie auch den göttlichen Erlöser Jesus Christus nicht an. Erst das Wissen um ihren Uranfang, um ihre einstige Beschaffenheit und um ihren Widerstand gegen Gott schenkt ihnen auch das Verständnis für die Erlösungstat Jesu, Der als Mensch so gelebt hat, dass Er Gott Selbst in Sich aufnehmen konnte und nun das Erlösungswerk vollbracht wurde von der Ewigen Liebe, Die Ihre Geschöpfe aus den Fesseln Ihres Gegners befreien wollte.

Eine solche Darstellung der Mission Jesu wird den Menschen glaubwürdiger sein, als wenn nur von den

Sünden gesprochen wird, die im Erdenleben von ihnen begangen werden und die den Menschen oft zu gering erscheinen, als dass eine solche Erlösungstat nötig gewesen wäre, um diese Sünden zu tilgen. *Zwar ist jede Sünde ein Vergehen gegen die Liebe, also ein Vergehen gegen Gott*, doch die Ursünde des einstigen Abfalles von Gott war so groß, dass das Wesen selbst sie nicht hätte entsühnen können, und wenn Ewigkeiten darüber vergangen wären.

Das zu verstehen ist euch Menschen nicht möglich. Aber eine so ungeheure Sünde forderte auch eine ungeheure Sühne, die wohl ein "Mensch" geleistet hat, aber nur deshalb leisten konnte, weil dieser Mensch Gott in Sich barg, also die Kraft aus Gott Ihn dazu befähigte, die aber nur "Liebe" war, die Ursubstanz Gottes.

Die Menschen hatten einstens als urgeschaffene Wesen diese Liebekraft Gottes zurückgewiesen und waren also ohne jegliche Kraft. Der Mensch Jesus aber nahm bewusst die Liebekraft Gottes in Anspruch und nützte sie zu einem Werk der Barmherzigkeit für Seine gefallenen Brüder, um deren Schuld zu entsühnen.

Es wissen aber die Menschen auch nicht, dass ihr

Dasein als Mensch auf dieser Erde die Folge jener Urschuld ist und dass sie ihren Urzustand wohl einmal wieder erreichen werden, aber niemals ohne die Anerkennung Dessen, Der sie getilgt hat aus übergroßer Liebe. Denn ihr Abfall von Gott war ein bewusstes "Sich-von-Ihm-Abkehren", das ein bewusstes "Ihm-wieder-Zuwenden" bedingt, um in das Urverhältnis zu Gott wieder eintreten zu können.

Wenn den Menschen dieses Wissen darum zugeleitet wird, dann ist das eine unerhörte Gnade, die jeder auswerten sollte insofern, als dass er nur sich gedanklich damit beschäftigt, dass er das als wahr annehmen sollte, was ihm vermittelt wird. Denn er braucht dann nur sich an den "Menschen Jesus" zu wenden und mit Ihm gedanklich zu reden. Und Dieser wird als "Gott" ihm antworten, Er wird ihm helfen, zur rechten Erkenntnis seiner Schuld zu gelangen, und sie ihm abnehmen, wenn er sich dazu bekennt und Ihn um Hilfe bittet.

Es kann jeder einzelne Mensch zu der Erkenntnis gelangen, dass er sich einmal vergangen haben muss, sowie er nur darüber nachdenkt, dass er ein unvollkommenes, schwaches und unwissendes Wesen ist und er die Ursache dessen zu ergründen sucht.

Denn keine solche innerliche Frage bleibt unbeantwortet, nur muss sie vorerst gestellt werden, was aber die meisten Menschen unterlassen, jedoch skrupellos jeden Hinweis auf den göttlichen Erlöser ablehnen, wenn sie auf Ihn aufmerksam gemacht werden und auch Seine große geistige Mission.

Doch von Seiten Gottes wird den Menschen immer wieder der göttliche Erlöser Jesus Christus verkündet werden, und alle Seine Diener, die auf Erden für Ihn tätig sind, werden mit stets größerem Eifer Seinen Namen und Sein Evangelium predigen, auf dass alle frei werden von ihrer großen Schuld, die darauf hören und selbst in innige Verbindung treten mit Jesus Christus, in Dem Gott Selbst Mensch geworden ist, um zu erlösen, was gebunden ist von Seinem Gegner."

B.D., Nr. 6985 vom 05.12.1957, enthalten in Buch 74

Glaube an eine Mission des Menschen Jesus

Der Herr:

„Um glauben zu können an Jesus Christus und Sein Erlösungswerk, an eine Mission des Menschen Jesus und deren Ausführung, genügen nicht die wissenschaftlichen Forschungen oder verstandesmäßig erworbene Kenntnisse, denn Seine Mission war eine geistige, und Geistiges lässt sich nicht verstandesmäßig ergründen oder beweisen.

Wohl ging der Mensch Jesus über die Erde gleichwie jeder andere Mensch, denn auch jene ungewöhnlichen Erscheinungen, die Seine Geburt und auch Sein Erdenleben zuweilen begleiteten, können nun nur noch geglaubt werden. Sie können heute wie auch damals von Gegnern naturmäßig erklärt werden, soweit für solche Erscheinungen noch glaubwürdige Zeugnisse vorhanden sind. Doch es ist auch dieses von Mir aus so geplant worden, weil gerade der Glaube an Ihn und Sein Erlösungswerk nicht zwangsläufig erreicht werden sollte, sondern eine freie Willensangelegenheit jedes einzelnen Menschen sein muss. Dieser Glaube konnte gewonnen werden unter gewissen Voraussetzungen, und er wird, solange die Erde besteht, immer wieder diese Voraussetzungen fordern, eben weil es um das geistige Ausreifen der Seele geht, um die endgültige Freiwerdung von Meinem Gegner.

So werden zu jeder Zeit Menschen eingeführt werden können in ein Wissen, das gerade das Erlösungswerk Jesu Christi zum wichtigsten Inhalt hat, und es wird jederzeit den Menschen möglich sein, einen lebendigen Glauben zu gewinnen an das, was mit immer größerem Eifer als Legende abgetan wird, wofür sich auch niemals solche Beweise erbringen lassen, die den Menschen zum Glauben an Jesus Christus zwingen.

Immer wieder werde Ich unter den Menschen wirken im Geist. Aber auch immer wird ein solches Geistwirken nicht hundert-prozentiger Beweis sein dürfen für die Mitmenschen. Immer wird geistiges Wissen nur von jenen Menschen geglaubt und verstanden werden, die selbst geistig streben, die ihren Geist in sich zum Leben erwecken und die dann auch wahrlich keines Beweises mehr bedürfen und dennoch voller innerer Überzeugung sind.

Wer zu jenen Fragen, die Jesus Christus und Sein Erlösungswerk betreffen, verstandesmäßig herangeht, der verrennt sich in vielerlei Gedanken und findet nicht hindurch. Denn er sucht immer nur Menschliches zu ergründen, er wägt alles Für und Wider ab und ist zuletzt doch genau so unwissend wie zuvor. Denn wenngleich er Beweise findet für die Existenz des Menschen Jesus, für die Gründe Seiner Aburteilung und Seines schandbaren Todes am Kreuz... solange er nicht um die geistigen Beweggründe Seines Daseins auf dieser Erde weiß, solange er nicht glaubt, dass Ich Selbst in diesem Menschen eine Verbindung schaffen wollte und geschaffen habe mit der ganzen Menschheit, solange ihm überhaupt geistiges Wissen mangelt, ist es auch völlig gleichgültig, das Erdenleben des Menschen Jesus beweisen oder Sein irdisches Wirken erklären zu wollen, weil es auch völlig belanglos ist für solche Menschen, ob Er auf Erden gelebt hat oder nicht, ob Seine Existenz geschichtlich bewiesen werden kann.

Jesus Christus als göttlichen Erlöser, als Meinen

Abgesandten, Der Mir Selbst zur Hülle diente, zu erkennen, ist allein ausschlaggebend!

Und dieses Mysterium ist auf verstandesmäßigem Wege nicht zu ergründen, aber ganz leicht zu begreifen von Menschen, die zu Mir verlangen, die Meine leichten Gebote der Liebe halten. Diese werden den Geist in sich erwecken, der ihnen Licht gibt über alles und im besonderen über das Erlösungswerk. Und darum wird es zu jeder Zeit möglich sein, volle Aufklärung zu erlangen über den Einen, Der anerkannt werden muss als "Gottes Sohn und Erlöser der Welt". Der darum anerkannt werden muss, weil Er Mich Selbst barg und also Seine Anerkennung auch zugleich die Anerkennung Meiner Selbst ist, die ihr einstens Mir verweigertet und darum auch in den Zustand der Erkenntnislosigkeit gefallen seid.

Der Mensch Jesus erfüllt mit Seinem Erdenleben eine Mission: diese eure einstige Sünde zu entsühnen. Und solange diese Mission des Menschen Jesus nicht erkannt wird, solange also auch dem Menschen der lebendige Glaube daran fehlt, bleibt er unabänderlich in jenem Zustand der Erkenntnislosigkeit, und es wird ihm dann auch nicht möglich sein, verstandesmäßig diesen Zustand zu wandeln.

Sowie er aber alles von der geistigen Warte aus zu betrachten beginnt - was ein Liebeleben getreu Meiner Gebote erfordert - wird er auch für alle Begebenheiten während des Erdenwandels Jesu die Erklärung finden. Er wird zwar auch dann noch nichts "beweisen" können, aber innerlich voll überzeugt sein, recht zu denken. Er wird also lebendig glauben, und dann werden ihn keine noch so scharfen Verstandesdenker von seinem Glauben abzubringen vermögen, denn dann hilft Jesus Christus Selbst ihm, dann wirkt Sein Geist in ihm, wie Er es verheißen hat. Dann ist des Menschen Wille Mir Selbst in Jesus Christus zugewandt, und er erkennt hell und klar, was allen anderen noch verborgen ist.“

B.D., Nr. 7084 vom 05.04.1958, enthalten in Buch 75

Mission der Lichtwesen, Erwecken des Gottgeistes, Erlösungswerk Jesu Christi

Der Herr:

„Wenn euch das Wissen zugeführt wird um Jesus Christus und Sein Erlösungswerk, wenn euch die geistige Mission des Menschen Jesus erklärt wird, so muss immer Mein Geist in euch am Wirken sein, ganz gleich, ob ihr dieses Wissen von Mir direkt empfangt oder es entgegennehmt von Meinen Boten. Denn der Geist erst wird euch das Verständnis dafür erschließen, und nur durch den Geist kann euch eine solche Belehrung zugehen von oben.

Es ist dieses Wissen das Wichtigste, denn ihr müsst Kenntnis nehmen von dem großen Erbarmungswerk, das um eurer Ursünde willen für euch vollbracht wurde, und ihr müsst aufgeklärt werden über die geistigen Zusammenhänge, über die geistige Mission des Menschen Jesus, weil ihr zu Ihm rufen müsst, weil ihr eure Sündenschuld unter Sein Kreuz tragen sollt (d.h.

in der opferbereiten, dienenden Liebe zu leben, d.Hg.), weil ihr Ihn anerkennen sollt als Erlöser der Welt.

Und dieses Wissen um Jesus Christus wird wahrlich von Mir ausgehen, denn Mein Gegner ist bemüht, gerade den Glauben an Jesus als göttlichen Erlöser den Menschen zu nehmen, und er wird daher niemals es bezeugen, dass "Jesus Christus ist in das Fleisch gekommen...."

Und daran also erkennt ihr den "göttlichen" Geist, der immer wirkt, wenn ihr eingeführt werdet in die Wahrheit, wenn euch das Wissen um Jesus Christus und Sein Erlösungswerk unterbreitet wird. Und Mein Geist wirkt auch dort, wo die Menschen noch im Dunkeln wandeln, wenn nur ein Gefäß sich findet, in das er sich ergießen kann.

Ihr Menschen könnt wohl viel dazu tun, eure Mitmenschen aufzuklären, die noch völlig blind im Geist daher gehen, und ihr werdet wahrlich gesegnete Arbeit leisten, weil alle Menschen Erlösung finden sollen durch Ihn, weil alle Menschen ihre Schuld unter das Kreuz Christi tragen sollen.

Doch Ich werde auch durch Meinen Geist wirken, denn überall werden Menschen sein, *die ein Liebele-*

ben führen, die Verlangen haben nach der Wahrheit, nach tiefem Wissen und die Ich durch Meinen Geist nun auch einführen kann. Nur muss die Bereitschaft vorhanden sein, Aufklärungen entgegenzunehmen, ansonsten Mein Geist nicht wirken kann in der Weise, dass er von innen heraus einen Menschen belehrt.

Darum sind auch in der Zeit des Endes auf Erden viele Lichtwesen verkörpert, die es ermöglichen, dass eine Zuleitung Meines Wortes von oben stattfinden kann, die nun auch das Wissen um Jesus Christus denen vermitteln können, die noch in vollster Unkenntnis sind und darum auch die Gefahr besteht, dass ihre Seelen keine Erlösung finden in ihrem Erdenleben.

Das Wissen, das von Mensch zu Mensch übertragen wird, bleibt zumeist nicht rein erhalten, und es ist darum immer wieder nötig, dass durch Geistwirken die reine Wahrheit den Menschen zugeführt wird. Die Liebe und der Glaube aber sind sehr mangelhaft, und darum bewegen sich die Menschen auch in geistiger Finsternis. Steigt aber ein Lichtwesen zur Erde nieder einer erlösenden Mission wegen, dann bringt es auch einen Liebegrad mit, der ständige Bindung sucht mit dem Ausgang der Liebe.... mit Mir.... und es sucht seinen Liebegrad zu erhöhen. Und so ist es Mir auch möglich, seinen Geist anzusprechen, und es wird ihn anhören und Mir also als Mittler dienen, so dass Ich den Menschen eine Aufklärung geben kann über die Mission des Menschen Jesus, über die Ursündenschuld und über die Erlösung von dieser Schuld.

Doch nur ein wahrheitsgemäßes Wissen dient den Menschen, ansonsten sie ablehnen und nicht den Gang zum Kreuz gehen und dann auch nicht in das Lichtreich eingehen können, weil dafür die Erlösung durch Jesus Christus Voraussetzung ist. *Keinem Menschen kann der Gang zum Kreuz erspart bleiben (das ist die Demut, Reue, Selbstverleugnung des Egos und Läuterungsbereitschaft)*, ansonsten er mit der Urschuld belastet hinübergeht in das jenseitige Reich, wo er zwar auch noch zu Jesus Christus finden kann, doch niemals er den Grad erreicht, den er auf Erden hätte erreichen können durch das Erlösungswerk, durch den reichen Gnadenschatz, der ihm nun zur Verfügung steht und der ihm auch das Erreichen seines Zieles auf Erden gewährleistet: dass er gänzlich frei von seiner Schuld sich zusammenschließt mit Mir, Der Ich Selbst in Jesus Christus das Erlösungswerk für die Menschheit vollbrachte."

B.D., Nr. 8246 vom 20.08.1962, enthalten in Buch 87

Jesu Mission auf Erden. Das Fleisch und das Blut Jesu – im Bibel-Kontext

Die Neuoffenbarung im biblischen Kontext

Joh06,36-58: Jesu Mission auf Erden. Das Fleisch und das Blut Jesu

Joh06,36-39: Zweck der Menschwerdung Jesu nach göttlichem Willen

Joh06,36: Aber ich habe es euch gesagt, dass ihr mich gesehen habt und dennoch nicht glaubt.

Joh.06,37: Alles, was mir mein Vater gibt, das kommt zu mir; und wer zu mir kommt, den werde ich nicht hinaus stoßen

Jesus zu einigen Fragenden in Kapernaum: „Hierauf wandte Ich Mich wieder zu den Menschen und sagte: »Aber was redet ihr?! * Habe ich denn je gesagt, dass ihr Mich nicht gesehen habt?! Ich selbst weiß, sage und sagte es euch, dass ihr Mich und Meine Zeichen gesehen habt, und dennoch glaubt ihr nicht, dass alles und jedes, was Mein Vater im Himmel Mir gibt, zu Mir kommt, und dass Ich den, ** der zu Mir kommt, sicher nicht hinaus stoßen werde.

{ Joh.06,36-37; ** Mt.11,28}*

Joh06,38: Denn ich bin vom Himmel gekommen, nicht damit ich meinen Willen tue, sondern den Willen dessen, der mich gesandt hat.

Merkt es denn, was Ich euch sage: * Ich bin nicht gleich euch von dieser Welt, sondern Ich bin vom Himmel herab gekommen, - aber nicht darum, dass Ich gleich euch täte Meinen eigenen Willen, sondern ** nur den Willen Dessen, der Mich hierher in diese Welt gesandt hat.«

{ Joh.06,38*; ** Joh.04,34}*

Da fragten sie und sagten: »Was ist denn hernach der Wille dessen, der dich vom Himmel aus zu uns in diese Welt gesandt hat?«

> Joh06,39: Das ist aber der Wille des Vaters, der mich gesandt hat, dass ich nichts verliere von allem, was er mir gegeben hat, sondern dass ich es auferwecke am Jüngsten Tage.

Sagte Ich: »Für taube Ohren ist schwer predigen und für die Blinden schwer schreiben. * Das aber ist der Wille des Vaters, der Mich gesandt hat: ** dass Ich nichts verliere von allem, was Er Mir gegeben hat, sondern dass Ich alles wiederbringe und zum Leben auferwecke am Jüngsten Tage.

{ Joh.06,39*; ** Joh.10,28 f.; Joh.17,12}*

Da sagten etliche: »Der Mensch redet sonderbar; uns deucht es, dass er verwirrt ist.«

> Joh06,40: Wann der Jüngste Tag ist

Andere aber sagten: »Rede klar und erkläre dich deutlich! Was ist da mit dem Jüngsten Tage?«

Sagte Ich: »Wenn ihr Mich erkennen und an Mich glauben werdet, dann wird ein jüngster, wahrer Tag in eurer Seele werden, an dem Ich euch durch die Macht der Wahrheit Meiner Lehre auferwecken werde. So ihr aber an Mich nicht glaubt und Mich nicht erkennt, so wird in eurer Seele wohl schwerlich je ein jüngster Tag werden.«

Sagten abermals die Menschen: »So sage uns denn klar, was da ist der Wille des Vaters!«

> Joh06,40: Das aber ist der Wille dessen, der mich gesandt hat, dass, wer den Sohn sieht und glaubt an ihn, das ewige Leben habe; und ich werde ihn auferwecken am Jüngsten Tage.

Sagte Ich: »So hört denn! * Das ist der Wille des Vaters, der Mich gesandt hat, dass der, welcher den Sohn sieht, an Ihn glaubt und Ihn erkennt als den wahren Messias der Welt, das ewige Leben habe, - ** und Ich werde ihn auferwecken am jüngsten Tage! Was der jüngste Tag aber ist, das habe Ich euch schon gezeigt.«

{ Joh.06,40; ** Joh.05,29; Joh.11,24}*

Joh06,41-47: Wirkung des Glaubens an Jesus; essen seines 'Brotes'

Joh06,41: Da murrten die Juden darüber, dass er sagte: 'Ich bin das Brot, das vom Himmel gekommen ist'

Auf das fingen die Juden an, besonders darob zu murren, dass Ich gesagt hatte: 'Ich bin das Brot des Lebens, das vom Himmel gekommen ist.'

{Joh.06,41}

Joh06,42: und sprachen: »Ist dieser nicht Jesus, Josephs Sohn, dessen Vater und Mutter wir kennen? Wieso spricht er denn: 'Ich bin vom Himmel gekommen?'«

* Und sie sagten: »Ist dieser etwa nicht der Zimmermann Jesus, ** des Zimmermanns Joseph Sohn?! Wir kennen doch ihn, den Vater und die Mutter nur zu gut! Wie kann dieser hernach sagen, dass er vom Himmel gekommen sei?! Sein Verstand und seine sonstigen seltenen Eigenschaften können ihm allerdings vom Himmel aus gegeben sein, da ohne einen göttlichen Anhauch kein großer und berühmter Mann

noch jemals irgendwo existiert hat; aber er selbst für seine Person kann vor uns doch nicht fest weg behaupten, dass er sogar als ein wahrstes Nährbrot zum ewigen Leben vom Himmel herab zu uns gekommen sei!«

{ Joh.06,42; ** Lk.04,22}*

> Joh06,43: Jesus antwortete und sprach zu ihnen: »Murrt nicht untereinander.«

Sagte Ich: »O murrt nicht untereinander!

> Joh06,44: »Es kann niemand zu mir kommen, es sei denn, dass ihn ziehe der Vater, der mich gesandt hat; und ich werde ihn auferwecken am Jüngsten Tage.«

Ich sage es euch noch einmal: * Es kann niemand zu Mir kommen (*d.h. Mich erkennen*), es sei denn, dass ihn ziehe der Vater (*das ist die Liebe aus Gott und zu Gott*), der Mich gesandt hat, und nur Ich (*die Wahrheit, welche ist Mein Wort und Meine Lehre*) werde ihn auferwecken am jüngsten Tage!

{ Joh.06,44}*

Joh06,45: »Es steht geschrieben in den Propheten (Jes.54,13): 'Sie werden alle von Gott gelehrt sein.' Wer es nun vom Vater hört und lernt, der kommt zu mir.«

Es steht aber sogar geschrieben in den Propheten: * 'In jener Zeit aber, die da kommen wird - und nun da ist -, werden sie alle von Gott gelehrt sein!' Und Ich sage es euch nun eben darum: Wer es nun lernt vom Vater (*wer in der Liebe ist*), der kommt zu Mir (*der auch wird Mich wohl erkennen*).

*{Joh.06,45; * Jes54,13; Jer.31,03}*

Joh06,46: »Nicht als ob jemand je den Vater gesehen hätte, sondern allein der, der vom Vater gekommen ist; der hat den Vater gesehen.«

* Ich sage euch aber das nun nicht etwa unter der Voraussetzung, als habe von euch jemand je den Vater gesehen, - sondern eben allein Ich, der Ich vom Vater ausgegangen bin, habe den Vater gesehen zu aller Zeit. *(d.h. Liebe gebiert Wahrheit, wie die Wärme das Licht.*

Die Wahrheit geht aus der Liebe hervor, wie dann die Liebe wieder aus der Wahrheit folgt)

{ Joh.06,46; Joh01,18}*

Joh06,47: »Wahrlich, wahrlich, ich sage euch: Wer an mich glaubt, der hat das ewige Leben.«

Darum sage Ich euch trotz eures Murrens: * Wahrlich, wahrlich, wer an Mich glaubt, der hat schon in sich das ewige Leben (also Meine volle Erweckung am jüngsten Tage, {*das ist das Eingehen in die Erkenntnis Gottes*})!

{ Joh.06,47; Joh.03,16}*

Joh06,48-58: Was 'Fleisch und Blut Jesu' zu sich nehmen bedeutet

Joh06,48: »Ich bin das Brot des Lebens.«

* Und Ich Selbst bin vollwahr das Brot des Lebens!

{ Joh.06,48}*

Joh06,49: »Eure Väter haben Manna in der Wüste gegessen und sind gestorben.«

* Eure Väter haben wohl Manna in der Wüste (sinnliches Fleischleben) gegessen, aber sie sind gestorben, ihrer gar viele auch in ihren Seelen!

{ Joh.06,49; 1.Kor.10,03-05}*

Joh06,50: »Dies ist das Brot, das vom Himmel kommt, damit, wer davon isst, nicht sterbe.«

* Dies Brot aber, das Ich in Mir Selbst vorstelle, und das wahrhaft vom Himmel alles Seins und Lebens gekommen ist, wirkt, dass jeder, der davon isst *(d.h. die Lehre gläubig annimmt und danach tut)*, nimmer sterbe.

{ Joh.06,50}*

Joh06,51: »Ich bin das lebendige Brot, das vom Himmel gekommen ist. Wer von diesem Brot isst, der wird leben in Ewigkeit. Und dieses Brot, das ich geben werde, ist mein Fleisch, das ich geben werde für das Leben der Welt.«

Wahrlich! * Ich bin als das lebendige Brot vom Himmel gekommen! Wer von diesem Brote essen *(die Lehre werktätig annehmen)* wird, der wird fortan leben in Ewigkeit! ** Und seht, das Brot, das Ich geben werde, ist Mein Fleisch, das Ich geben werde für das Menschenleben dieser Welt!« *(Darunter ist zu verstehen die äußere, materielle Umhüllung Meines Wortes, innerhalb dessen sich das lebendige, geistige Wort befindet wie der lebendige Keim in seiner toten Umhüllung)*

{ Joh.06,51*; ** Mk.14,22}*

Das war nun für die von einem geistigen Sinne nicht den geringsten Begriff habenden Juden zu viel, und sie fingen an,* förmlich zu zanken unter sich.

*{*Joh.06,52}*

> Joh06,52: Da zankten die Juden untereinander und sagten: »Wie kann dieser uns sein Fleisch zu essen geben?«

Ein Teil sagte: »Lassen wir ihn doch reden, und am Ende werden wir schon sehen, was da noch alles herauskommen wird!«

Die weniger Gemäßigten aber sagten: »Ei was, das sieht und merkt man nun ja auf den ersten Blick, dass der Mensch von Sinnen ist! Früher war er doch noch ein Brot aus den Himmeln, das wir essen sollen, um das ewige Leben zu erlangen; jetzt verlangt er gar, dass man sein Fleisch essen solle!* Narrheit! Wie kann dieser uns sein Fleisch zu essen geben? Und wie viele würden sich an seinem Fleisch wohl ins ewige Leben hinein sättigen können?! Wenn das die Bedingung zur Erlangung des ewigen Seelenlebens ist, da werden blutwenige dasselbe erlangen.«

*{*Joh.06,52}*

> Joh06,53: Jesus sprach zu ihnen: »Wahrlich, wahrlich, ich sage euch: Werdet ihr nicht essen das Fleisch des Menschensohnes und trinken sein Blut, so habt ihr kein Leben in euch.«

Sagte Ich: »Ihr möget streiten und zanken, wie ihr wollt, und es ist dennoch so, wie Ich es euch gesagt habe. Und Ich sage euch nun noch bei weitem mehreres: * Werdet ihr nicht essen das Fleisch des Menschensohnes und trinken Sein Blut, so habt ihr kein Leben in euch!« (Was das Fleisch bedeutet, ist bereits gezeigt worden; das Blut als das eigentlich physische Lebensfluidum, das dem Leibe das Leben gibt, ihn erhält, ernährt und ihm den fortpflanzenden Lebenskeim gibt, ist das eigentliche, innere Lebensgeistige im äußeren Buchstabenworte.)

{ Joh.06,53}*

Jetzt war es bei einigen Juden noch mehr aus.

Einige fingen ordentlich an zu lachen, die Gemäßigteren aber sagten: »So lasset ihn doch ausreden! Wer weiß, was da am Ende noch alles heraus kommen wird! Wir wissen es ja, dass er sonst oft gar recht weise geredet hat.« Und sie wandten sich an Mich und sagten: »Lieber Meister, wir ersuchen dich, dass du vernünftig redest!«

Sagte Ich: »Wie kann Ich das wohl?! Ich rede nun als das, als was ihr Mich erkanntet am Berge; Ich rede denn vor euch als ein großer Prophet! Zeigt Mir aber einen Propheten, der je auf eine andere Weise zum Volke geredet hätte! *(d.h. in einer bildhaften Sprache der innergeistigen Entsprechung)*

Joh06,54: »Wer mein Fleisch isst und trinkt

> mein Blut, der hat das ewige Leben, und ich werde ihn am Jüngsten Tage auferwecken.«

Und Ich sage euch darum noch einmal: * Wer Mein Fleisch isst und trinkt Mein Blut, der hat das ewige Leben, und Ich werde ihn auferwecken am jüngsten Tage.

*{*Joh.06,54; Mt.26,26-28}*

> Joh06,55: »Denn mein Fleisch ist die rechte Speise, und mein Blut ist der rechte Trank.«

* Denn Mein Fleisch ist die rechte Speise, und Mein Blut ist der vollrechte, belebende Trank.

{ Joh.06,55}*

> Joh06,56: »Wer mein Fleisch isst und trinkt mein Blut, der bleibt in mir und ich in ihm.«

Noch sage Ich euch zu dem allem hinzu: * Wer da Mein Fleisch isst und Mein Blut trinkt, ** der bleibt in Mir und Ich in ihm.

{ Joh.06,56; ** Joh.15,04; 1. Joh.03,24}*

> Joh06,57: »Wie mich gesandt hat der lebendige Vater und ich lebe um des Vaters willen, so wird auch, wer mich isst, leben um meinetwillen.«

* Wie Mich aber wahrhaft gesandt hat der ewig lebendige Vater und Ich derzeit hier lebe um des Vaters willen, desgleichen wird also auch derjenige, der Mich isst, leben um Meinetwillen.

{ Joh.06,57}*

> Joh06,58: »Dies ist das Brot, das vom Himmel gekommen ist. Es ist nicht so, wie es die Väter gegessen haben und gestorben sind. Wer dies Brot isst, der wird leben in Ewigkeit.

* Und eben dies ist dasjenige Brot, das vom Himmel, wie schon früher gesagt, gekommen ist, das nicht die Eigenschaft hat wie das Manna in der Wüste (das ist das Gericht der Gesetzlichkeit), das eure Väter gegessen haben und gestorben sind (dem Geiste nach), wie Ich schon früher gezeigt habe, sondern wer dieses Brot essen wird, der wird leben in Ewigkeit.«

{ Joh.06,58}*

Jesus zeugt von Sich und Seiner Mission als Messias – (im Bibel-Kontext)

Die Neuoffenbarung im biblischen Kontext

Joh.05,14-27: Jesus zeugt von Sich und Seiner Mission als Messias

Joh05,14: Danach fand ihn Jesus im Tempel und sprach zu ihm: »Siehe, du bist gesund geworden; sündige hinfort nicht mehr, dass dir nicht etwas Ärgeres widerfahre.«

Der Herr berichtet aus Seiner Lehr- und Wanderzeit mit Seinen Jüngern.

Jesus: „Ich ging etwa nach einer Stunde Zeit mit

den Jüngern in den Tempel, nachdem wir zuvor mit der Familie des Lazarus von Bethanien, mit der Ich schon von Meinem zwölften Jahre an bekannt war, und die Ich alljährlich bei unseren Wallfahrten nach Jerusalem zu besuchen pflegte, zusammentrafen und so manches besprachen über die Führung Meines Lehramtes. Die Familie wie auch unser bekannter Wirt geleiteten uns in den Tempel, und als wir in den Tempel kamen, * da fand Ich den Geheilten, und der drängte sich, als er Mich ersah, zu Mir hin und fing von neuem an, zu loben und zu danken.

{ Joh.05,14}*

* Ich sagte zu ihm: »Sieh zu, so du nun gesund geworden bist, dass du ** in der Folge nicht mehr sündigst, auf dass dir nicht noch etwas Ärgeres widerfahre!«

{ Joh.05,14; ** Joh.08,11}*

> Joh05,15: Der Mensch ging hin und verkündigte es den Juden, es sei Jesus, der ihn gesund gemacht habe.

Er beteuerte das und erfuhr bei dieser Gelegenheit Meinen Namen, was eben ein leichtes war, da Mich viele von früheren Zeiten her kannten. Da verließ uns der Mensch und * ging zu den scharfen Tempeljuden und verkündigte es ihnen, dass Ich, Jesus, es war, der ihn geheilt hatte.

{ Joh.05,15}*

Joh05,17-47: Reaktion Jesu auf Vorwürfe und Verfolgung

Joh05,16: Darum verfolgten die Juden Jesus und versuchten ihn zu töten, weil er solches am Sabbat getan hatte.

Da ergrimmten alsbald diese Tempeljuden, fingen an, * Mich verfolgend, sich zu Mir hinzudrängen, um Mich sogleich zu ergreifen und zu töten, weil Ich solches - an einem so großen Sabbat noch dazu! - getan habe.

{ Joh.05,16; Mt.12,14}*

Der Wirt ersah die grimmige Bewegung der ihm

über alles verhassten Juden und riet Mir, so schnell als möglich zu entweichen, ansonsten Mir leicht etwas Übles begegnen könnte.

Ich aber vertröstete ihn und sagte: »Fürchte dich nicht; denn bevor Ich Selbst es nicht will, werden sie Mir nichts tun können! Aber Ich werde ihnen, sowie sie Mich zu fragen anfangen werden, eben erst ganz unverhohlen sagen, wer Ich bin, und da wirst du dann erst ihren Grimm sehen, vor dem sich aber nun niemand zu fürchten hat!«

Während Ich solches ganz privat zum Wirt geredet hatte, waren die Ergrimmten auch schon bei Mir und fuhren Mich an: »Warum tatest du solches an einem hohen Sabbat und hast ihn vor allem Volke geschändet? Hättest du das nicht morgen tun können, und dem Kranken wäre noch früh genug geholfen gewesen, und der hohe Sabbat wäre nicht geschändet worden?!«

Joh05,17-24: Jesus beansprucht Gleichheit mit Gott

oh05,17: Jesus aber antwortete ihnen: »Mein Vater wirkt bisher, und ich wirke auch.«

Da sah Ich die Ergrimmten sehr ernst an und *

sagte ganz einfach zu ihnen: »Mein Vater (im Himmel) wirkt bisher, und ** Ich wirke auch!«

{ Joh.05,17; ** Joh.09,04}*

> Joh05,18: Darum trachteten die Juden nun viel mehr danach, ihn zu töten, weil er nicht allein den Sabbat brach, sondern auch sagte, Gott sei sein Vater, und machte sich selbst Gott gleich.

Da ergrimmten die Tempeljuden noch mehr * und trachteten Mich zu ergreifen und gleich zu töten; denn sie schrien zum Volk: »Nicht genug, dass er den hohen Sabbat geschändet hat, sondern er lästerte auch Gott, indem er Ihn seinen Vater nannte und sich Ihm ganz gleichstellte! Darum ergreift und erwürgt ihn sogleich!«

{ Joh.05,18; Joh.07,30; Joh.10,33}*

Da entstand ein förmlicher Tumult im Tempel, und es machten einige Miene, Mich zu ergreifen. Ich aber erregte Mich und gebot Ruhe.

> Joh05,19: Da antwortete Jesus und sprach zu ihnen: »Wahrlich, wahrlich, ich sage euch: Der

Sohn kann nichts von sich aus selbst tun, sondern nur, was er den Vater tun sieht; denn was jener tut, das tut gleichermaßen auch der Sohn.«

Alsbald ward auch alles ruhig, und * Ich sagte zu den ergrimmten Juden: »Wahrlich, wahrlich, Ich sage es euch: Ich als der Sohn kann nichts von Mir Selbst aus tun - außer nur das, ** was Ich sehe den Vater tun! Was demnach Mein Vater tut, dasselbe tue auch Ich!

{ Joh.05,19*; ** Joh.03,11; Joh.03,32}*

Joh05,20: »Der Vater aber hat den Sohn lieb und zeigt ihm alles, was er tut, und wird ihm noch größere Werke zeigen, sodass ihr euch verwundern werdet.«

* Der Vater aber hat den Sohn lieb und zeigt Ihm alles, was Er Selbst tut, und wird Ihm noch größere Werke zeigen, dass ihr selbst euch darob höchlichst verwundert werdet!

{ Joh.05,20; Joh.03,35}*

Joh05,21: »Denn wie der Vater die Toten auferweckt und macht sie lebendig, also macht auch der Sohn lebendig, welche er will.«

* Denn gleich wie der Vater die Toten auferweckt und macht sie lebendig, also macht auch der Sohn lebendig, welche Er will.

{ Joh.05,21}*

Joh05,22: »Denn der Vater richtet niemand, sondern hat alles Gericht dem Sohn übergeben,

Ich sage es euch, ihr Blinden: * Der Vater im Himmel richtet nun niemand; ** denn alles Gericht hat Er Mir, Seinem Sohne, übergeben,

{ Joh.05,22; Dan.07,13-14; ** Apg.10,42}*

Joh05,23: damit sie alle den Sohn ehren, wie sie den Vater ehren. Wer den Sohn nicht ehrt, der ehrt den Vater nicht, der ihn gesandt hat.«

* auf dass alle Menschen - Juden und Heiden - den Sohn ebenso ehren sollen, wie sie den Vater ehren. ** Wer aber den Sohn nicht ehrt, der ehrt auch den Vater nicht, der Ihn gesandt hat.« *(d.h. wer die Wahrheit nicht begehrt und sie ablehnt, der hat auch keine*

Liebe im Herzen, d.Hg.)

{ Joh.05,23; Phil.02,10; Phil.02,11; ** 1. Joh02,23}*

Als Ich so redete, da war die größte Ruhe und die ergrimmten Juden schwiegen; denn Ich wollte es so.

Joh05,24: »Wahrlich, wahrlich, ich sage euch: Wer mein Wort hört und glaubt dem, der mich gesandt hat, der hat das ewige Leben und kommt nicht in das Gericht, sondern er ist vom Tode zum Leben hindurch gedrungen«

Und Ich redete darum weiter und sagte: * »Wahrlich, wahrlich, wer Mein Wort hört und glaubt wahrhaft an Den, der Mich zu euch Menschen auf diese Erde gesandt hat, der hat das ewige Leben und kommt seiner Seele nach nimmer in ein Gericht, das der Tod der Materie ist, sondern er ist durch solchen ernsten und lebendigen Glauben vom Tode zum wahren, ewigen Leben durchgedrungen!«

{ Joh.05,24; Joh.03,16; Joh.03,18}*

Joh05,25-29: Menschensohn als Richter über geistig Tote

Joh05,25: »Wahrlich, wahrlich, ich sage euch: Es kommt die Stunde und ist schon jetzt da, wo die Toten die Stimme des Sohnes Gottes hören werden; und die sie hören werden, die werden leben.«

»Und wieder sage Ich euch: * Wahrlich, wahrlich, es kommt die Stunde und ** ist schon jetzt da, wo die Toten an Leib und Seele *(das sind alle bereits Verstorbenen und die noch leiblich lebenden, welche sich noch unerlöst im geistigen Tode befinden, d.Hg.)* die Stimme des Sohnes Gottes hören werden, und die sie gläubig hören werden, die werden dadurch auch leben ewiglich.

{ Joh.05,25; ** Eph.02,05-06}*

Joh05,26: »Denn wie der Vater das Leben hat in sich selbst, so hat er auch dem Sohn gegeben, das Leben zu haben in sich selbst;

* Denn wie der Vater das Leben hat in Sich Selbst, ebenso hat Er auch dem Sohne gegeben von Ewigkeit her, das Leben zu haben in Sich Selbst.

{ Joh.05,26; Joh.01,01-04}*

Joh05,27: und er hat ihm Macht gegeben, auch das Gericht zu halten, weil er des Menschen Sohn ist.«

* Auch hat Er Ihm die Macht gegeben, das Gericht zu halten über alle Menschen, und das darum, weil der ewige Sohn Gottes nun für diese Zeit auch ein Menschensohn ist.«

{ Joh.05,27; Dan.07,13 f.}*

J.L., Großes Evangelium Johannes - Band 6 / 2. Kapitel

Aufschluss über Jesus und Seine Mission

Der Herr:

„Und euch ist durch das Erlösungswerk Jesu Christi die Pforte geöffnet worden zum ewigen Leben. Ihr hättet nimmermehr durch diese Pforte eingehen können, denn das Reich des Lichtes war unzugänglich für die Wesen der Finsternis, und in der Finsternis weilt ihr so lange, bis die Ursünde von euch genommen ist, die euch in dieses Reich der Finsternis gestürzt hat. Aber ihr seid Mein Anteil, und Ich lasse ewiglich nicht von euch. *Doch zuvor müsst ihr euch rückgestalten zur Liebe, und so ihr Liebe in euch habt, werdet ihr auch Jesus zudrängen*, Der euer Erlöser ist, und zugleich auch Mir, Der Ich in Ihm war, Der Ich in Jesus Christus für euch zum schaubaren Gott geworden bin.

Solange die Menschen aber nicht wissen, dass der einstige Abfall von Mir Anlass ihres Daseins als Mensch auf dieser Erde ist... solange sie nicht wissen, dass sie sich auf dem Rückweg aus der Tiefe zu Mir befinden und nur noch die letzte Hilfeleistung durch Jesus Christus in Anspruch zu nehmen brauchen, um gänzlich wieder mit Mir vereint zu sein... so lange werden sie auch das Erdenleben als Mensch nicht bewusst nützen zu ihrer *Wesenswandlung, zum Wandel zur Liebe.*

Es kann dann auch der Erdengang vergeblich zurückgelegt sein.

Darum wird immer wieder den Menschen Kenntnis zugehen über Jesus Christus, den göttlichen Erlöser, denn zu Ihm sollten sie gefunden haben, solange sie noch als Mensch über die Erde gehen, weil sie sonst nicht eingehen können in das Reich des Lichtes und der Seligkeit wenn das Erdenleben für sie vorüber ist.

Zwar lässt Er Sich auch im Jenseits noch finden, wenn die Seele willig ist und zu Ihm ruft um Erbarmen. Doch weit schwerer nimmt die Seele drüben eine Belehrung an, wenn sie auf Erden Ihn abgelehnt hat.

Ich aber will, dass ihr in Mein Reich Eingang findet nach eurem Leibestode, und Ich zeige euch daher immer wieder den Weg, den ihr gehen müsst: den Weg zum Kreuz! Nur über Golgatha gelangt ihr zum ewigen Leben, nur durch die (gelebte) Anerkennung Jesu und des Erlösungswerkes, durch ernsthafte Bitte um Vergebung eurer Schuld, wird für euch der Weg frei ins Lichtreich, in Mein Reich, wo Ich Selbst als euer Heiland und Erlöser euch erwarte, wo ihr Mich schauen könnt von Angesicht zu Angesicht....

Und wenn euch Menschen Aufschluss gegeben wird über Jesus Christus, den Sohn Gottes und Erlöser der Welt, dann verschließt nicht eure Herzen, sondern nehmt an, was Ich Selbst euch vermitteln will über Ihn, in Dessen Hülle Ich einst über die Erde ging, um für euch die Brücke zu schlagen aus dem Reich der Finsternis in das Reich des Lichtes.

Begehrt im Herzen, die reine Wahrheit über Ihn und das Erlösungswerk zu hören, und wahrlich, Ich werde sie euch zugehen lassen, auf dass ihr euch Ihm zuwendet und also auch den Rückweg einschlagt zu Mir, Den ihr in Jesus anerkennt als euren Gott und Vater von Ewigkeit, wenn ihr über Dessen Mission auf Erden recht unterrichtet werdet.

Ohne Jesus Christus gibt es kein Heil, ohne Ihn gibt es keine Erlösung, ohne Ihn gibt es kein Licht und keine Seligkeit.

Ich aber will, dass ihr selig werdet, und so werde Ich euch auch immer wieder hinweisen zu Ihm, Ich werde euch Selbst die Wahrheit zuleiten, Ich werde euch das Wissen erschließen über euren sündigen Zustand und um den einzigen Weg, euch daraus befreien zu können, auf dass ihr zum Glauben gelangt an Ihn und Seine Mission, auf dass ihr Ihn liebt um Seines großen Barmherzigkeitswerkes willen und nun auch diese Liebe übertragt auf Mich, Der Ich in Ihm war und euch Menschen erlöste von Sünde und Tod."

B.D., Nr. 7825 vom 14.02.1961, enthalten in Buch 82

Über den Tod des Herrn und den Erlösungsplan. Aufklärung über den Sinn des Lebens

Jesus:

„Was ist denn aber nun geschehen, während der Leib im Grabe lag, und was war denn der eigentliche, zwingende Grund Meines Sterbens? – Hierüber soll jetzt eine kurze, aber klare Erklärung folgen. Und so hört:

Es ist bereits früher öfter auseinandergesetzt worden, dass Adam als erster Mensch – im Sinne der völligen Geistesfreiheit – dieser Erde dazu erschaffen worden war, eine Form zu bilden, aus der heraus die Materie wieder zum freien Geistesleben zurückgeführt werden könnte. Dazu gehörte aber vor allen Dingen die Überwindung der Materie selbst, das heißt: es musste durch freien Entschluss ein Zustand geschaffen werden, der nach der einen Seite hin die Besiegung aller niederen, als irdische Lüste, Begierden und Neigungen bekannten Eigenschaften aufwies, um nach der andern Seite ein freies Aufsteigen zum reinsten Geistesleben zu ermöglichen.

Es ist schon oft genug gesagt worden, dass die menschliche Seele aus kleinsten Anfängen besteht, welche, wachsend und zu immer höheren Bewusstseinssphären sich entwickelnd, schließlich im Menschen wieder diejenige Form erlangen, welche eben als irdische Form nicht weiter mehr entwicklungsfähig ist, wohl aber in ihrer seelischen. *Deswegen begegnen sich im Menschen zwei Prinzipien:* das Ende des materiellen Lebens als höchst ausgeprägtes Selbstbewusstsein und der Anfang eines seelischen, unwandelbaren Lebens in der höchsten errungenen Formenvollendung. Deswegen kann der Mensch auf dieser Messerschneide des irdischen Lebens sich dem Bewusstsein, dass er lebt, wohl nicht verschließen – denn dessen ist er sich selbst Beweis –, aber dennoch gar keine Ahnung davon haben, dass er an der Schwelle eines geistigen Lebens angelangt ist, welches nun in der unwandelbar bleibenden Menschenform seinen Anfang nimmt, – mit anderen Worten: nachdem er viele Leibeswandlungen, welche die Menschengestalt als Ziel sich setzten, durchgemacht hat, bleibt diese jetzt in ihrer allgemeinen Gestaltung unberührt; wohl aber beginnt jetzt eine seelische Wandlung, die das Ziel hat, sich immer mehr dem Gottgeiste Selbst zu nähern und mit Diesem in eine Gemeinschaft zu treten.

Wer nun zu denken vermag, der denke! Was kann geschehen, wenn nicht dieser Übergang vermittelt wird? Denn hier stehen sich Materie und Geist schroff gegenüber, die sich wohl gegenseitig immer mehr verfeinern, nie aber – als Polaritäten – ganz berühren können. Es muss doch jedenfalls hier ein Weg gezeigt, eine Brücke geschlagen werden, über welche es möglich ist, von der Materie zum Geist zu gelangen, – und dieser Weg muss ein Beispiel sein, dem jedermann nachzufolgen imstande ist. Würde dieser Weg nicht gefunden, das heißt also, würde nicht ein Mensch denselben betreten, so würde der Austritt aus der

Materie, um in ein freigeistiges Leben hinüberzukommen, unmöglich werden.

Es muss also das Bestreben der Gottheit Selbst sein, Ihre Geschöpfe, welche Sie aus Liebe und zu ihrer Rettung in den Materiegang einzwängte – nachdem diese die Grenze erreicht haben, von wo der geistige Weg möglich ist –, auch zu Sich heranzuziehen und so in das Verhältnis des Vaters zum Kind zu führen. Adam sollte diese Brücke in sich bauen und hatte es eigentlich sehr leicht, indem die Anreizungen der Materie sehr gering waren im Vergleich zu jetzt *(und nochmal wesentlich mehr im 21. Jahrhundert, d.Hg.)*. Es bedurfte bei ihm nur der Selbstbesiegung, des Gehorsams, so war die Brücke geschlagen, und in ihm konnte das geistige Leben blühend erwachen (auch das „Paradies" genannt, d. Hg.), da Gehorsam gegen Gott bei einem Menschen, der sonst frei von jedweder Sünde ist, das einzige Prüfungsmittel ist. Erst aus dem Ungehorsam folgen alle anderen Vergehen von selbst, wie jeder bei Kindern leicht beobachten kann. Nun fiel Adam, und damit war ein Zurücktreten in die Materie, das heißt in diejenige Polarität geschehen, welche sich eben soweit von Gott entfernen kann, als zu Gott

Selbst zu immer höheren Seligkeiten aufzusteigen vermag.

Mit diesem Fall aber war die Sünde deswegen in die Welt getreten, *weil Gott nie ein Werk schafft, um es etwa wieder zu zerstören, sondern der einmal geschaffene Weg wird weiterverfolgt*, sozusagen zu korrigieren gesucht, weil die göttliche Weisheit von vornherein die Folgen eines Misslingens berücksichtigt. Soll es aber heißen, freie Geschöpfe zu schaffen, keine Geistmaschinen, so ist der Weg der Selbstentwicklung im Menschen überhaupt nur der Weg hierzu. Mit dem Entstehen des Menschengeschlechtes als Völker aber war die Folge der sämtlichen Sünden, die in langer Reihe als nun immer tieferer Fall bestehen, gegeben, da deren Anfang als Ungehorsam nun einmal bestand. Das heißt, wäre Adam nicht ungehorsam gewesen, so hätte auch keiner seiner Nachkommen ungehorsam sein können, weil er in sich sodann einen Keim vernichtet hätte, der dann nicht mehr fort vererbt werden konnte. So aber befruchtete er diesen Keim, und in seinen Nachkommen wuchs er zu dem Baum aus, der das Licht der Sonne durch sein starres Blätterdach kaum mehr hindurch scheinen lässt

Oftmals wurde es nun von besonders starken Seelen versucht, durch dieses Blätterdach hindurchzubrechen, um die Sonne durchscheinen zu lassen, und je nachdem dieses auch bei einzelnen Teilen desselben gelang, besitzt die Menschheit uralte Religionen. Nicht aber gelang es diesen starken Seelen, den Kern des Baumes so zu treffen, seine Krone so zu brechen, dass dieser mächtige Baum ersterben musste Und zwar gelang es ihnen darum nicht, weil sie selbst in ihrem irdischen Leben nicht ohne Schuld waren, sondern erst die Welt verkosteten, ehe sie Durst nach Wahrheit, nach Gotteserkenntnis empfanden. Die Welt schmeckte ihnen schal, – nun erst suchten sie Besseres.

Die altindischen Religionen sind die ältesten, die euch bekannt sind; denn die altägyptische in ihrer echten Lehre war die älteste, und deren Kenntnis ist verlorengegangen. Alle diese Lehrer waren solch starke Seelen, welche das Blätterdach für sich durchbrachen, den Weg zeigten, auch Wahres und Echtes beschrieben und ausgesprochen haben, jedoch nicht anders schreiben konnten zu ihrer Zeit, wodurch jetzt vieles hinfällig geworden ist, was in seinem

Zusammenhang der Dinge leicht erklärlich ist. Darüber nun folgendes:

Gott war, bevor die Einkleidung ins Fleisch als Jesus geschah, unpersönlich. Daher konnte auch niemand zu Seiner Anschauung gelangen, sondern nur zu der Empfindung Seines Wesens, das naturgemäß sich allein als Licht bemerkbar machen konnte, da Gott in Sich Selbst pures Licht ist, das seine Strahlen aussendet. Wo jedoch Licht ist, ist es auch überall; es durchflutet alles und belebt alles. Die Unpersönlichkeit Gottes bedingt aber nun nicht einen Ausstrahlungspunkt, wie von einer Sonne aus, sondern ein Lichtmeer, in dem es keine Konzentration gibt. Diejenigen also, welche geistig zu dem Gottwesen hinauf drangen, konnten das Gottwesen auch nicht anders empfinden als ein Leben im Licht, das Schweben und Ruhen im Licht, das wunschlose Sich-Vermählen mit dem Licht. Als der Mensch Jesus nun die Personifizierung Gottes wurde, war das Empfinden der Gottheit für den, der sich Ihr näherte, ein ganz anderes, – einfach das Sich-Nähern eines Menschen an den andern, und somit haben die alten Seher recht; aber die neueren, welche nach Mir lebten, haben ebenfalls recht.

Nach dem Fall Luzifers, als die materielle Welt in die Erscheinung trat, war allerdings die geistige Sonne geschaffen worden als Sitz der Gottheit; aber trotz alledem war diese nicht als eine alleinige Konzentrierung aufzufassen. Das Licht war in der geistigen Welt überall, und für den leiblichen Menschen ist, solange seine Seele an diesen Leib gebunden war, vor Meinem irdischen Leben diese geistige Sonne nicht sichtbar geworden. Das Sichtbarwerden derselben war eine Krönung des Glaubens der Geistwesen; denn erst für diese war sie sichtbar, jetzt jedoch auch dem Menschen, der an Mich glaubt, sowie ihm das geistige Auge geöffnet ist, weil der Mensch Jesus allen, die an Ihn glauben, auch *Sein gesamtes Reich jederzeit enthüllen kann.*

Es fragt sich noch: Warum findet man in den alten Religionen dieselben Grundzüge?

Für den, der diese Enthüllungen begriffen hat, wäre es nur verwunderlich, wenn es nicht so wäre; denn sind diese alten Religionen Vorläufer der Lehre des Menschen- und Gottessohnes, so müssen sie auch die Grundzüge der letzteren enthalten, sie können nicht von ihr Verschiedenes enthalten. Dass das Leben der einzelnen Lehrer, welche erstanden, auch Gleichheiten mit dem Meinen enthält, beruht auf demselben Grund.

Würde die altägyptische Religion in ihren urältesten Grundzügen, die durch den späteren Götterkultus nur verwischt auf die Jetztzeit gekommen sind, gänzlich bekannt sein, so würde es heißen: die christliche Religion ist der altägyptischen entnommen, – so sehr gleichen sich diese, hauptsächlich wenn die Wesenheiten des Osiris, der Isis und des Horus genau in ihrem uranfänglichen Sinn erkannt würden.

Inwiefern nun gelang es aber Mir, den Sündenbaum zu brechen und nicht nur das Blätterdach zu durchbrechen?

Zunächst mache sich da einmal jedermann klar, was es heißt, ‚sündigen'!

Mancher wird da schnell mit der Antwort fertig sein und sagen: Sünde ist alles, was gegen Gottes Willen verstößt! – Das ist schon richtig. Aber was ist denn Gottes Wille, und wie erkennt diesen der Mensch, der nicht einmal an Gott glaubt und noch viel weniger dessen Willen anerkennt?

Es muss da aus dem menschlichen Leben heraus

geurteilt werden. – Sündigen kann niemand gegen Gott, wenn er Ihn nicht erkannt hat. Ebenso wenig wie sich jemand an einem Blinden ärgern wird, der da behauptet, es gäbe kein Licht, nur weil er dieses nicht sieht, eben sowenig wird Gott denjenigen bedrücken, der Ihn aus Unverstand nicht erkennt. Wohl aber kann ein Blinder seinen Nachbar oder einen andern Menschen, den er zwar auch nicht sieht, jedoch hört, fühlt, und dessen direkt fühlbare Wohltaten er genießen kann, beleidigen, wenn er sich ihm in irgendeiner Weise widersetzt. Er kann gegen dessen Liebe sündigen; denn trotz der Blindheit kann er sich dessen Wesenhaftigkeit nicht verschließen.

So ist es auch mit dem geistig Blinden, der gegen das Gebot der Nächstenliebe sehr wohl verstoßen kann, auch wenn er Gott nicht erkennt. Die Nächstenliebe ist der Weg zur Gottesliebe, – das ist schon oft erklärt worden.

Da der Mensch Jesus nun aber dieses Gebot bis in das Kleinste erfüllte, und zwar von Jugend auf, so wuchs in ihm auch die Gottesliebe, so dass er schließlich in ihr aufgehen konnte. Die Sünde hatte keine Macht über ihn; denn er war bestrebt, von dem anfangs sichtbaren Weg der Nächstenliebe, der sich durch äußere Werke kundtut, zu dem innerlichen, unsichtbaren Weg in der Gottesliebe zu gelangen.

Gott hatte Adam ein Gebot gegeben: unbedingten Gehorsam. Er missachtete es und fiel. Der Mensch Jesus gab sich aus Liebe zu Gott freiwillig dieses Gebot, nichts ohne des Vaters Willen zu tun, und ward dadurch das leuchtende Vorbild zur Nachfolge. Er errang also in sich die Stufe, die Adam nicht errungen hatte, und versöhnte also in sich die Gottheit, die in Ihrer Heiligkeit verletzt war, durch das missachtete Gebot. (Anmerkung: „Verletzt" nicht im Sinne von „beleidigt sein", sondern von „Sich Selbst treu zu verbleiben", d. Hg)

Die Weisheit gab das Gebot; der Wille, die Kraft, verlangte die Erfüllung; die Liebe fand den Weg, in dem Menschen Jesus die Bedingungen zu erfüllen, welche notwendig waren, um den früheren Seligkeitszustand für alle Geschöpfe zurückzubringen. Darin aber, dass nun dieser Weg eröffnet ist, der direkt zu Gott führt, und darin, dass dieser Weg von dem Menschensohn Jesus erfüllt wurde, der dadurch zum Gottessohn wurde, liegt die Erlösung. Das Sterben

Jesu ist die Besiegelung des unbedingten Gehorsams. Es wäre nicht notwendig gewesen; aber da die Menschheit in ihrem unbeschränkt freien Willen es durch Luzifers Hauch verlangte, so unterwarf sich Jesus auch dieser Forderung und starb leiblich. –

Das Verfallen von einer Sünde in die andere erzeugt stets größere Seelenhärte. Man spricht von versteinerten Herzen, um diesen Zustand auszudrücken. Wie weit das nun führen kann, ist unabsehbar. Die Materie, die äußere Lust, wächst immer mehr, und naturgemäß schwindet damit das Bewusstsein von irgendeinem geistig-seelischen Wesenskern immer mehr. Diese Verhärtung führt schließlich zu einem tierischen Zustand, der nichts weiter als Erhaltung und Fortpflanzung kennt, ohne geistige, innere Freiheit. Die Erlösung aus solchem Zustand bietet nur eine rein geistige Lehre, welche zum sittlichen Bewusstsein der Menschenwürde führt, und diese Lehre wurde gegeben in nicht misszuverstehender Kürze und größtmöglicher Klarheit. Die Befolgung sprengt die Ketten der Materie, lockert die Bande der irdischen Genusssucht und führt schließlich die materiellen Wünsche und Begierden zu einem Zustand des reinsten Empfindens, als

Kenntnis des Bösen, jedoch nicht mehr zur Vollbringung des Bösen, weil das eigene Ich immer mehr zusammenschmilzt, während sonst dieses Ich (Egoismus) sich immer mehr auswächst. Je mehr es schwindet, desto mehr erlöst sich (erweicht sich) die Materiefessel, um schließlich nicht mehr als Fessel empfunden zu werden.

Der Baum der Sünde wurde und konnte also nur durch Jesus gebrochen werden, weil er in sich eben den Gottesgeist umschloss, der bereits Adam das Gebot gegeben hatte, ohne dass dieser es erfüllte.

Man wird nun sagen: Wo liegt denn nun aber der Beweis, dass es sich so verhält, dass nicht die früheren Lehrer dasselbe vollbrachten? Denn was hier gesagt ist, entzieht sich dem Menschenauge, ist ein innerer Vorgang, über den ein anderer als eben Jesus Selbst nicht berichten kann, während der äußere Vorgang, das Auftreten eines vortrefflichen Lehrers, dessen Wandel und gute Lehren, auch das Sterben, sich schon öfter gezeigt hat. Wieso ist nun hier der Sündenbaum wirklich gebrochen und dort nur das Blätterdach durchbrochen? Die äußere Wirkung in der Welt ist wenig zu spüren, denn die Sünde blüht zur Stunde wie noch nie,

– und andere als äußere Merkmale kann die Menschheit doch nicht beurteilen!

Ja, das scheint schon auf den ersten Blick so zu sein, aber näher betrachtet – doch nicht!

Jeder, der den inneren Weg beschreitet, wird bald gewahr werden, wie er in Wahrheit beschaffen ist. Der äußere Anschein besagt da gar nichts; denn dieser ist eine hohle Nuss. *Wer aber den inneren Weg nicht gehen will, der ist ebensowenig zu überzeugen*, oder ihm ist ebensowenig auch nur ein Bild von diesem Wege zu geben, als es unmöglich ist, einem Blinden einen Begriff von den Farben zu geben. Hier entscheidet der Erfolg. Der Weg ist da, betretet ihn, – dann urteilt!

Ohne Mich kann niemand zum Vater gelangen, und ohne den Glauben an Jesus hat auch noch kein Weiser jemals das allgewaltige Gottwesen als den Ur-quell aller Liebe, die sich persönlich darstellen kann, empfunden. Das Unpersönliche wird zum Persönlichen nur in Jesus, und diese Vereinigung beider in der Menschenform ermöglicht das Herantreten des Geschöpfes an den Schöpfer, das Aufgehen der Materie in den Geist, die Rückführung der entstandenen

Sündenfolge aufwärts über die Scheidewand von Materie und Geist als sonst sich unmöglich berühren könnende Punkte hinweg – Brücke ist das Leben Jesu. –

Es entsteht also nun die Frage: Wie weit konnten denn nun vor dem Tode des Menschensohnes die abgeschiedenen Seelen gelangen?

Sie konnten natürlich, je nachdem sie eine gegebene Lehre der vielen schon früher aufgetretenen Lehrer befolgten, zur Erkenntnis und auch zur Seligkeit in sich gelangen, natürlich aber nicht zur Anschauung der personifizierten Gottheit.

Das geschah aber nun in der Zeit erstmalig, als der Leib Jesu im Grabe lag. Der rein irdische Leib lag da, während die Seele mit dem innewohnenden Gottgeiste hinüberging und dort allen sich zeigte als Der, der Er ist und war.

Darüber sind hier nur Andeutungen zu geben. Später soll aber auch der genaue Vorgang offenbar werden.

Mit diesem Sich-Offenbaren in der Geisterwelt entstand der Bau und die Bevölkerung des neuen Jerusalem als der Stadt Gottes, und sie wird bestehen bleiben in Ewigkeit."

J.L., Großes Evangelium Johannes - Band 11 / 75. Kapitel - Über den Tod des Herrn

Der Zweck der Kreuzigung Jesu

Der Herr erklärt den Seinen:

»Dem Leibe nach bin auch Ich, gleich wie ihr, ein sterblicher Mensch, und die Folge davon ist, dass auch Ich diesen Leib ablegen werde, und zwar am Kreuze zu Jerusalem zum Zeugnis wider die argen Juden, Hohepriester und Pharisäer und zu ihrem Gericht. Denn dieses allein wird für immerdar ihre Macht brechen, und der Fürst der geistigen Finsternis, der nun die Menschenwelt beherrscht hat, wird machtlos werden und die Menschen nicht mehr so sehr wie bis jetzt verführen und sie ins Verderben stürzen können.

Der Fürst aber heißt 'Satan', das ist Lüge, Trug, Stolz, Habsucht, Eigenliebe, Neid, Hass, Herrschgier und Mordlust und allerlei Hurerei.

Der höchste Hochmut kann nur durch die tiefste Demut zugrunde gerichtet werden, und es ist sonach notwendig, dass an Mir solches verübt werde. Wenn ihr aber solches vernehmen werdet, so entsetzt euch nicht darüber; denn Ich werde nicht im Grabe verbleiben und verwesen, sondern am dritten Tage wieder auferstehen, und so, wie Ich nun da bei euch bin, so werde Ich wieder zu euch kommen! Und erst das wird euch allen das größte und wahrste Zeugnis von Meiner göttlichen Sendung in eure Seelen geben und vollends stark machen euren Glauben. Ich habe euch nun das darum zum voraus gesagt, auf dass, wann es dahin kommen wird, ihr euch an Mir nicht ärgert und Meine Lehre verlasst - Wie gefällt dir, du Mein lieber Epiphan, dieses?«

Sagt Epiphan: »Herr und Meister. Du bist weiser und mächtiger denn alle Weisen und Mächtigen der ganzen Erde! So Du solches über Dich zu kommen zulässt, so musst Du sicher einen guten Grund dazu haben, den wir nun nicht zu durchblicken vermögen; aber zur gänzlichen und unerhörtesten Demütigung und Züchtigung für den gewissen, verworfenst ärgsten

Teil der Menschen zu Jerusalem und in ganz Palästina und überhaupt im ganzen Judenreiche müsste offenbar das sein, so sie den ihnen verhasstesten Menschen sogar am schimpflichsten Kreuz nicht völlig tot zu machen vermöchten und er nach drei Tagen als ganz Derselbe wieder dastünde, der Er zuvor war! Das sehe ich nun schon auch recht gut und klar ein. Aber doch scheint es mir, als ob das, von Deiner Weisheit und Macht wohl erachtet, denn doch auch noch anders verfügt werden könnte!

Ich setze den Fall, die Priester und andern Gewaltigen Jerusalems sähen ein solches Zeichen von Dir wirken wie das, welches Du soeben hier gewirkt hast, so müsste es denn doch mit allen Tartarusfurien hergehen, so sie Dich nicht erkennen als das und als Den, was und wer Du bist! Und da müsste ihr Hass gegen Dich sich ja gleich in die höchste Ehrfurcht gegen Dich und in die heißeste Liebe zu Dir umgestalten, und es versteht sich von selbst, dass Du da nicht nötig hättest, Dich ans schimpflichste Kreuz, das nur für die ärgsten Missetäter bestimmt ist, hängen zu lassen!«

Sage Ich: »Ja, wenn es so wäre, da hättest du schon ganz recht; aber es ist leider nicht so, sondern himmelhoch ganz anders! Glaube es Mir: Dies Natterngezücht und die Schlangenbrut der Templer von Jerusalem weiß genau, was Ich lehre und was Ich wirke; aber das vermehrt eben ihren Grimm, und sie werden eben darum gegen Mich nur erbitterter von Stunde zu Stunde, wie dir davon beispielshalber Aziona und Hiram die gestrig-vormitternächtlichen Begebungen treulich kundgeben können. Sie sind alle erzverstockt, blind und taub im Herzen, dabei voll des höchsten und unbegrenztesten Hochmutes, voll Habgier und voll der höchsten Herrschsucht. Und siehe, solch einer Kreatur ist kein Evangelium zu predigen und vor ihren Augen kein Zeichen zu wirken! Denn Meine Lehre und Meine Zeichen zerstören ihr altes Ansehen und vernichten ihr großes Einkommen, und darum können die Templer sie nicht brauchen und sind eben darum Meine unversöhnlichsten Feinde.

Ich hätte allerdings die Macht, sie alle auf dem ganzen Erdkreis in einem Augenblick zu vertilgen, wie solches, von Meinem Vatergeist, der in Mir wohnt, verordnet, schon einmal zu den Zeiten Noahs und zu den Zeiten Abrahams mit Sodom und Gomorra und ihren zehn Nachbarstädten geschehen ist; aber was hat es genützt?!

Heutzutage zeugt das umfangreiche Tote Meer noch von jenem Gericht, und die Schrift weist mit den Fingern dahin; wer aber beachtet das noch und lässt es sich zu einer gerechten Warnung dienen? Sage einem echten Pharisäer nunmehr etwas davon, und du läufst Gefahr, von ihm verhöhnt und bitter zurechtgewiesen und sogar mit einer starken Strafe auf das eindringlichste bedroht zu werden! Wo aber so, da lässt sich weiter nichts mehr tun als das nur, was Ich dir ehedem zum voraus verkündet habe. Das wird sein für jene Widerspenstigen ein allerärgstes Gericht und für die Meinen der Kulminationspunkt Meiner Liebe, und Meine Auferstehung wird sein auch eine Auferstehung für alle, die Meines Sinnes und Willens sind.«

J.L., Großes Evangelium Johannes - Band 5 / 220. Kapitel — Der Zweck der Kreuzigung Jesu

"Mein Gott, Mein Gott, warum hast Du Mich verlassen?...."

Der Herr:

„Es war Mein Leiden und Sterben am Kreuz unsagbar schmerzensreich, und jede Schilderung der Leiden ist nur ein schwacher Vergleich zu dem, was Ich gelitten habe, denn Ich sah jede Phase Meines Erlösungswerkes voraus, Ich wusste es, worin Meine letzte Aufgabe bestand, und Ich hatte keinen Trost, Mir Selbst die Qualen verringern zu können, denn Ich musste die letzten Stunden als nur Mensch durchstehen. Ich besaß wohl alle Kraft, weil die Liebekraft Gottes, Meines Vaters von Ewigkeit, Mich durchströmte bis zuletzt, aber Ich Selbst ließ durch Meinen Willen nicht mehr die Kraft der Liebe zu, Ich ließ sie nicht mehr an Mir Selbst zur Auswirkung kommen, um mit ihrer Hilfe also die Schmerzen zu verringern oder aufzuheben.

Die Gottheit in Mir wusste um Meinen Willen, und Sie ließ Mich auch gewähren, Sie zog Sich Selbst zurück, weil Ich es so wollte, um Meiner Liebe zu den Menschen den höchsten Grad zu erwerben, die wieder nur Meinem Vater galt, nach Dem Ich Mich sehnte in höchster Not, im größten Leid und besonders in den letzten Minuten Meines Leibeslebens. Und diese Sehnsucht wuchs, weil Ich Sein Wirken, Seine Liebekraft, nicht mehr in Anspruch nahm. Und in dieser Sehnsucht nach Ihm, Meinem Vater von Ewigkeit, rief Ich die Worte aus:

"Mein Gott, Mein Gott, warum hast Du Mich verlassen?...."

Ich Selbst hatte es gewollt, das Erbarmungswerk für die sündige Menschheit als Mensch zu Ende zu führen, weil dies die größte Liebe war, die Ich Meinem Vater erweisen konnte, dass Ich Mich an Seiner Statt ans Kreuz nageln ließ, denn Er Selbst war doch zur Erde gestiegen und hatte in Mir Wohnung genommen, weil Er Selbst das Erlösungswerk für Seine Kinder bringen wollte, aber als "Gott" nicht leiden konnte. Und so übernahm Ich für Ihn alle Leiden und Schmerzen und ertrug sie bis zum Ende.

So oft und so verständlich Ich euch dies zu erklären suche, ihr werdet es niemals ganz verstehen können, bis euch das geistige Reich aufgenommen hat, das Reich des Lichtes und der Seligkeit.

Und immer nur ist die einfachste Erklärung das Wort: "Der Vater und Ich sind eins...." Es war schon die völlige Vereinigung, und daher konnte Ich aussprechen: "Es ist vollbracht...." Der "Mensch" Jesus hatte Sein Leben hingegeben, Er hatte als Mensch gelitten und einen unsäglich qualvollen Tod erlitten. Aber Er hatte Sich auch mit der Ewigen Gottheit vereinigt, denn bis zum Ende war die Liebe im Menschen Jesus, ansonsten Er nicht gesagt hätte: "Vater, vergib ihnen, denn sie wissen nicht, was sie tun."

Und wenn die "Liebe" Sich still verhielt, so war dies nötig, um das Erlösungswerk zum Abschluss zu bringen, auf dass nun auch der Tod festgestellt werden konnte von allen Menschen Seiner Umgebung.... auf dass Sein Leib in das Grab gelegt werden konnte, aus dem Er am dritten Tage wieder auferstanden ist. Jede Äußerung des Gottgeistes zuletzt hätte die Menschen immer noch zweifeln lassen können am Kreuzestod Jesu, weil man dann Seine Bindung mit Mir erkannt hätte und der Glaube an das Erlösungswerk nun zwangsläufig die Folge war, jedoch eine freie Willensentscheidung sein musste. Auch das werdet ihr noch nicht recht verstehen können, doch sowie ihr selbst euren Geist mit dem Vatergeist von Ewigkeit eint, wird es hell werden in euch, und ihr werdet auch Mein Wort verstehen, das immer euch Aufklärung zu geben sucht, die ihr auch entsprechend dem Reife- oder Liebegrad eurer Seele nun zu fassen vermögt.

Denn gerade über das Erlösungswerk soll euch reine Wahrheit vermittelt und volles Verständnis geschenkt werden, auf dass ihr die Größe Meiner Liebe fasst, Die für euch Menschen, für eure Sündenschuld, zur Erde niederstieg, Die das Erlösungswerk vollbracht hat, um euch den Weg wieder frei zu machen zum Vater, um eure große Sündenschuld zu entsühnen, denn diese versperrte euch auf ewig den Weg ins Vaterhaus.“

B.D., Nr. 8201 vom 27.06.1962, enthalten in Buch 86

Sühne der Schuld durch Jesus Christus

Jesus:

„Der Menschheit Leid auf Mich zu nehmen war unsagbar schwer. Es gab nicht eine schlechte Tat, die sich nicht auswirken musste an den Menschen, und ihr hättet unermesslich leiden müssen, hättet ihr alle Sünden selbst abtragen sollen, die auf euch lasteten. Und die Sünde der einstigen Auflehnung gegen Gott war allein schon so groß, dass ihr sie nicht entsühnen konntet, weder in eurem gebundenen Zustand (in der Materie) noch im Zustand als Mensch.

Darum nahm Ich alle eure Schuld auf Mich, die Auswirkung jeglicher bösen Tat fing Ich auf, alles lud Ich Meinem menschlichen Körper auf, und dieser sühnte nun eure Schuld durch ein überaus qualvolles Leiden und Sterben am Kreuz.

Mich bewog Meine Liebe dazu, euch zu helfen. Und alles lichtvolle Geistige, alle geschaffenen Urwesen, die Mir treu blieben, erfüllte die gleiche Liebe zu euch.

Die Liebe aber lässt nichts verlorengehen, die Liebe lässt nichts in Finsternis, in Not und Qual. Die Liebe Selbst erbot Sich zur Rettung, zur Tilgung der großen Schuld.

In einem licht- und liebe-erfüllten Wesen stieg die Liebe Selbst zur Erde. Doch was auf Erden nun vor sich gehen sollte, das musste in einer menschlichen Form geschehen; es musste die Liebe ein menschliches Kleid anziehen, Ich Selbst (die Ewige Liebe) musste Mich im Fleisch verkörpern und nahm darum Aufenthalt im Menschen Jesus, Der jedoch so sündenlos und rein war, dass Ich Mich in Ihm manifestieren konnte. Dieser Mensch Jesus entsühnte eure Schuld, dieser Mensch Jesus nahm die ungeheure Sündenlast der Menschheit auf Seine Schultern und ging damit zum Kreuz.

Und ob euch immer wieder das unmenschliche Leid geschildert wird, ihr werdet es nicht in seiner ganzen Tiefe erfassen können, denn die Mangelhaftigkeit eures Wesens hindert euch daran. Seine Leiden waren unvergleichbar schwer, und Er wusste darum schon lange Zeit zuvor, denn Er war erfüllt von Meinem

Geist, Der Ich in Ihm Selbst Aufenthalt genommen hatte, und daher wusste Er auch um alles, um Seine Mission und auch um Seinen Kreuzestod. Seine Seele zitterte und bebte, weil Er Mensch war, und Seine durch die Liebe erreichte Göttlichkeit gab Ihm wohl Kraft, aber sie verringerte nicht das Maß von Leiden.

Es ging ein Mensch zum Kreuz, Der für Seine Mitmenschen leiden wollte, um ihnen zu helfen. Denn dieser Mensch wusste um das unermessliche Leid derer, die in der Tiefe festgehalten wurden von Meinem Gegner. Jesus wusste, dass ein Opfer gebracht werden musste, um diesem Gegner die Seelen abzukaufen. Er wusste, dass die große Sündenschuld gesühnt werden musste, um *des Vaters Gerechtigkeit zufriedenzustellen* (welche Gerechtigkeit eben das Gottesleben bedingt und damit heilig ist, d. Hg), Der kein schuldbeladenes Kind aufnehmen konnte ins Vaterhaus (weil es nicht seinsfähig ist aus sich selbst).

Er wollte Mir Meine Kinder zurückbringen, Er wollte den Kaufpreis zahlen für die Seelen. Und da die Schuld riesengroß war, so musste auch das Opfer ungewöhnlich groß sein. Darum nahm der Mensch Jesus in diesem Wissen das übergroße Leid auf Sich, darum ließ Er an Sich geschehen, was kein Mensch außer Ihm ertragen hätte. Er ging bewusst den Weg zum Kreuz und litt unsägliche Qualen, die zuletzt mit dem schmerzvollsten Tode am Kreuz endeten.

Die Größe dieses Barmherzigkeitswerkes an der Menschheit zu ermessen ist euch Menschen noch nicht möglich, aber ihr sollt euch immer wieder ins Gedächtnis rufen, dass Er völlig schuldlos und ohne Sünde Sein Leben hindurch geblieben war und gelitten hat für euch, die ihr ohne Sein Erlösungswerk nimmermehr aus der Tiefe hättet zum Vater zurückkehren können.

Ich Selbst war im Menschen Jesus, die Liebe erfüllte Ihn, ohne die Er nimmermehr dieses Werk hätte vollbringen können, aber Ich musste Mich still in Ihm verhalten in den schwersten Stunden Seines Leidensganges, weil ein Mensch leiden und sterben musste, denn die Gottheit in Ihm konnte nicht leiden, die Gottheit konnte aber auch keine Schuld tilgen ohne Sühne laut göttlicher Gerechtigkeit....

Was euch Menschen noch unbegreiflich ist, das werdet ihr einstmals in seiner ganzen Tiefe erfassen können, und dann auch werdet ihr teilnehmen können an diesem größten Werk der Barmherzigkeit.

Der Mensch Jesus stand durch Sein Menschsein in eurer Sphäre, und darum litt Seine Seele so entsetzlich, die von oben, aus dem Reiche des Lichtes, herabgestiegen war und in die tiefste Finsternis schaute und bedrängt wurde von den Kräften der Hölle.... Darum hat der Mensch Jesus nicht nur körperlich gelitten, sondern die tiefsten Seelenqualen erdulden müssen, die Seine Leiden noch ums Tausendfache erhöhten, aber Er hat euch Menschen Erlösung gebracht von Sünde und Tod."

B.D., Nr. 6513 vom 30.03.1956, enthalten in Buch 70

Kapitel 3
Die Neuoffenbarung Gottes

Einleitung: „Noch vieles hätte Ich euch zu sagen..." (Joh.16,12-14)

Von Prof. Franz Deml

Für die Christenheit, ja für die Menschheit als Ganzes, kann es kein größeres Ereignis geben, als dass die Verheißungen des Herrn im Johannes-Evangelium sich wahrmachen:

> "Noch vieles hätte ich euch zu sagen, doch ihr könnt es jetzt noch nicht ertragen (fassen). Wenn aber jener, der Geist der Wahrheit, kommt, wird er euch in alle Wahrheit einführen. Er wird nicht aus sich selber sprechen; er wird vielmehr reden, was er hört, und wird euch verkünden, was künftig ist." (Joh. 16, 12-14)

Der Inhalt dieser Worte lässt keinen Zweifel daran,

dass es sich hier um künftige Prophetien handelt. Tatsächlich hat es auch in der christlichen Ära, nicht nur im Alten Bund, eine fortlaufende Prophetie gegeben, die leider bei den institutionellen Kirchen zu wenig Beachtung fand. Mit der willkürlich gesetzten und unbegreiflichen These, dass spätestens mit dem Tode der Apostel alle Offenbarung endgültig abgeschlossen sei, gewährte man der Stimme des Heiligen Geistes nur wenig Spielraum mehr.

Nun hat aber schon der zu seiner Zeit hoch gerühmte Zisterzienserabt Joachim von Fion (gest. ca. 1205), der selbst ein großer Prophet war, in seiner Dreizeitenlehre darauf hingewiesen, dass nach der Offenbarung des Johannes, zu Beginn des sogenannten Geistzeitalters (d.h. kurz vor dem Endgericht), den Menschen ein "Ewiges Evangelium" verkündet werden wird. Der betreffende Text bei Johannes lautet:

> "Und ich sah einen anderen Engel fliegen durch die Himmelsmitte, der hatte ein Ewiges Evangelium zu verkünden über die Erdbewohner und über alle Nationen und Stämme und Sprachen und Völker…" (Joh. Offb. 14,6)

Wir müssen uns nun fragen: Hat es vielleicht eine

solche Verkündigung nicht schon längst gegeben oder müssen wir noch darauf warten? Wir können es jedenfalls als ein heilsgeschichtliches Omen betrachten, dass auffallenderweise sogleich mit dem Beginn der Neuzeit die Prophetengabe in einem Ausmaß wuchs, dass niemand mehr, auch die Kirche nicht, daran vorbei kann.

Schon mit J. Böhme und E. Swedenborg waren Höhepunkte erreicht, die schließlich noch durch den größten aller christlichen Propheten, durch Jakob Lorber (1800 - 1864), weit übertroffen wurden. Durch ihn hat zweifellos der verheißene Heilige Geist sein ganzes Füllhorn ausgegossen. Besonders ist es das zehnbändige "Große Evangelium Johannes", das anhand von detaillierten Schilderungen aller Vorgänge im Leben Jesu während seiner drei Lehr- und Wanderjahre "in alle Wahrheit einführt". Erst recht aber wird in dieser Prophetie die folgende Verheißung Jesu wahr:

> „Der Beistand aber, der Heilige Geist, den der Vater in meinem Namen senden wird, der wird euch alles lehren und euch an alles erinnern, was ich euch gesagt habe.“ (Joh. 14,26)

Wie sehr treffen gerade diese Worte auf das "Große

Evangelium Johannes" zu! Aber auch die großen Jenseitswerke Lorbers sind eine unerschöpfliche Quelle tiefster Erkenntnisse.

Diese sogenannte Neuoffenbarung - die nirgends in Widerspruch steht zur Altoffenbarung, das heißt zu den überkommenen vier Evangelien, sondern ihren Inhalt erst voll zur Entfaltung bringt, - ist ein "Licht aus den Himmeln", das in allen Dingen Klarheit schafft und keine Fragen offen lässt. Ja, sogar die alte Unstimmigkeit zwischen Wissenschaft und Glauben wird dadurch vollständig behoben, da sie auch die naturgeistigen Vorgänge im Schöpfungsbereich, in Makrokosmos und Mikrokosmos, bis ins letzte durchleuchtet. Das physische Universum in seiner Gesamtheit ist in dieser Prophetie ebenso enthalten wie der astrale und geistige Kosmos, Diesseits und Jenseits. Wir erhalten Auskunft über die Entstehung der Welten wie über den Verlauf der Heilsgeschichte, über das Wesen Gottes und der Engel, und erst recht über den Menschen und seine ewige Bestimmung. Dass Christus als der geoffenbarte Vater und Erlöser der Welten bei alledem im Mittelpunkt steht, ist selbstverständlich. -

Es ist eines der vielen Wunder, die in der Heilsgeschichte schon so oft für Überraschungen gesorgt haben, dass dieser Prozess der “Wiederkunft Christi im Wort” in aller Stille vor sich ging. In größter Verborgenheit geschah es, dass der “Schreibknecht Gottes” Jakob Lorber vor bereits über hundert Jahren den Grund legen durfte für eine neue Ära der Menschheitsgeschichte. Es war Gottes Kalkül, in einer relativen Zeit der Verborgenheit alles vorzubereiten, dass das Licht plötzlich hervorbrechen konnte. Allein schon die Naturwissenschaften bestätigen heute das Weltbild der Neuoffenbarung in einer Weise, die niemand für möglich gehalten hätte.

Wie immer bei prophetischen Kundgaben bediente sich der Herr auch bei Jakob Lorber der höchst eigenen Sprache des Mediums. Es darf uns daher nicht wundernehmen, wenn altertümelnde Ausdrucksweisen in Stil und Mentalität der damaligen Zeit vorherrschend sind. Dass es in der Hauptsache eine Herzenssprache ist, mit vielen volkstümlichen Beimengungen, erleichtert das Lesen. Wahrheitsgehalt und Weisheitstiefe der göttlichen Einsprache aber werden in keiner Weise beeinträchtigt.

Das Neuoffenbarungs-Schrifttum, z.B. durch Jakob Lorber mit seinen 25 zum Teil sehr umfangreichen Bänden, hat bereits eine Auflage von über einer Million Exemplaren erreicht. Und hatte man es früher in kirchlichen Kreisen kaum beachtet oder direkt abgelehnt, so setzen sich heute in der großen Glaubenskrise und Seelennot unserer Zeit immer mehr Geistliche ernsthaft damit auseinander; ja, manche von ihnen sind aufs äußerste beeindruckt.

So schreibt zum Beispiel der evangelische Theologe D. Dr. Kurt Hutten: "Dieses Weltbild hat Tiefe und Kraft, umfasst alle Ebenen des menschlichen Seins und der Geschichte, enthält großartige Vorstellungen wie die des großen Schöpfungsmenschen und hat in erstaunlicher Weise moderne Forschungsergebnisse vorweg genommen, so z. B. die in der Atomphysik erfolgte Auflösung der Materie in Energie und Bewegung. In einer Zeit, in der sich die Dimensionen des Universums durch die Astronomie ins Unermessliche geweitet haben, unsere Erde als ein winziges, belangloses Stäubchen erkannt worden ist, das im Reigen der Sonnen und Milchstraßen verloren umhertreibt, und der Mensch sich in einer frierenden Einsamkeit und Verlorenheit vorfindet, kann das Weltbild Lorbers eine große Hilfe sein. Es gibt der Erde samt ihrer Geschichte und Heilsgeschichte ihre Würde wieder, verleiht dem Glauben eine kosmische Weite, verwebt Diesseits und Jenseits, Mikrokosmos und Makrokosmos ineinander, preist die alle Schöpfung durchwaltende Liebe Gottes und weist mit alledem den Menschen einen Weg zur Geborgenheit."

Der katholische Theologe Robert Ernst: "...25 Bände hat Jakob Lorber in 24 Jahren geschrieben. Ein Monumentalwerk, das über das Fassungs- und Schaffensvermögen des genialsten Philosophen, Theologen und Schriftstellers hinausgeht."

Der evangelische Theologe Helmut von Schweinitz: "Das Phänomen Lorber mit der Deutung der Tiefenpsychologie abzutun, ist keine überzeugende Erklärung, denn was in seinen Schriften an die Oberfläche des Bewusstseins tritt, sind Erkenntnisse, die aus der Sphäre seines beschränkten menschlichen Wissens nicht stammen können. Zu ihrer Aneignung würde ein Menschenleben nicht ausreichen und alle schöpferische Phantasie nicht genügen. Genauso wenig kann das Lebenswerk Lorbers durch philosophische oder theologische Spekulation erklärt werden. Es bleibt bei ihm wie bei allen prophetischen Phänomenen ein unerklärbarer Rest.

Bei der Untersuchung der Frage, wie Neuoffenbarung und Altoffenbarung zusammen-stimmen, stellt der evangelische Pfarrer Hermann Luger fest: "Beide stehen auf demselben göttlichen Grund. Lorbers Schriften atmen durchaus biblischen Geist. Nicht nur der Inhalt seiner beiden Hauptwerke "Das große Evangelium Johannes" und "Die Haushaltung Gottes" ist ein biblischer, auch seine anderen Werke sind kernbiblisch. Viele Aussprüche und Reden des Herrn im Großen Evangelium Johannes könnten geradeso gut in einem der vier biblischen Evangelien stehen. Dass sich bei Lorber vieles findet, was in der Bibel, besonders in den vier Evangelien, vollständig fehlt - wie zum Beispiel die Reden des Herrn über die Himmelskörper und die Geheimnisse der Schöpfung -, braucht uns nicht wunderzunehmen und beweist nichts gegen den biblischen Charakter der Neuoffenbarung. Es ist nur verständlich, dass Jesus in den drei Jahren seiner öffentlichen Tätigkeit viel mehr geredet und getan haben muss, als in den Evangelien der Schrift erzählt wird; und wir glauben daher ein Recht zu haben, in der Neuoffenbarung geradeso gut Gottes Wort zu sehen wie in der Bibel. Bibel und Neuoffenbarung sind für uns zwei gleichberechtigte Erscheinungen, die ein und demselben Urgrund entspringen und von denen die eine durch die andere erst recht an Wert und Bedeutung gewinnt."

Vorwort aus dem „Großen Evangelium Johannes" von Prof. Franz Deml

Die 10 Hauptpunkte der Neuoffenbarung Gottes an die heutige Menschheit

Die Wiederkunft Christi im Wort, in den sinnbildlichen "Wolken des Himmels" (Dan.7:13, Mt.26,64), was bedeutet: das Licht der Wahrheit in erkennbarer und verständlicher Art offenbart.

JESUS erklärt uns in über 10.000 Kapiteln:

1. Den Weltgrund:

Es gibt keinen Stoff im Sinne des Materialismus. Alles ist Energie, nämlich Gottes- oder Geisteskraft, zergliedert in allerkleinste Urgrundteilchen (Urlebensfunken). Auch das bisher als kleinste Einheit betrachtete Stoffatom ist ein aus zahllosen Grundteilchen bestehendes lebendiges Universum in kleinstem Maßstab. (Man vergleiche dazu die neuesten Erkenntnisse der Kernphysik!) Aus den Urgrundteilchen (heute Elektronen oder Quanten genannt) - die nichts anderes als selbständig gemachte Gedankenkräfte

Gottes sind - ist das ganze Weltall in planmäßiger Entwicklung aufgebaut.

2. Das Wesen Gottes:

Gott ist ewiger, unendlicher Geist, die Urkraft und der Urgrund alles Seins. Seine höchsten Attribute sind Liebe, Weisheit und Willensmacht. Sein Heiliger Geist erfüllt das ganze All (die "Weltseele" der antiken Religionen). Allein, dieser unendliche Allgeist hat als innerstes ein Machtzentrum, von dem wie aus einer Sonne Gedanken und Willenskräfte in die Schöpfung hinausströmen, um nach einem großen Lebensvollendungskreis wieder zurückzukehren.

In diesem Urmachtzentrum ist Gott wesenhaft gestaltet, und zwar in der höchsten aller Lebensformen: als vollkommener Geistes-Urmensch. ("Gott schuf den Menschen nach seinem Bilde"!) Von diesem Urmachtzentrum aus ist der Gottesgeist ewig schöpferisch tätig.

Die ganze Schöpfung ist ein gewaltiger Entwicklungs- und Vervollkommnungsvorgang der göttlichen Gedanken und Ideen. Er vollzieht sich in ungeheuren, durch Ruhezeiten geschiedenen Perioden ("Schöpfungstagen", "von Ewigkeit zu Ewigkeit")

3. Die geistige Urschöpfung:

Der uns sichtbaren stofflichen Schöpfung gingen geistige Urschöpfungen voraus. In diesen hat Gott aus den gleichsam aus sich hinaus gestellten Urlebensfunken große Geistwesen nach seinem Urbild geschaffen (Urerzengel), die befähigt waren, weitere Geistwesen ihresgleichen aus sich ins Dasein zu rufen. So entstanden Legionen von großen Geistwesen (Engeln), die sich durch das Ordnungsgebot der Gottes- und Bruderliebe zur gottähnlichen Lebensvollendung erziehen lassen sollten. Ein Teil dieser Urwesen unter dem Hauptgeiste Satana (Luzifer) verfiel aber kraft seines freien Willens in grenzenlose Eigenliebe und Selbstherrlichkeit.

Da jedoch nach ewiger Ordnung den Gott-abtrünnigen die nährenden Lebensströme aus Gott versiegen mussten, so erstarrten sie gleichsam und verdichteten sich zu hilflosen Massen. So entstanden im Schöpfungsraum durch Verdichtung geistig-ätherischer

Urwesenheiten (Materialisation) die Urnebel der Materie oder des Weltstoffes.

4. Die Stofflich Materielle Schöpfung:

Sollten die gefallenen Urwesen ewig im Banne ihres Gerichtes verbleiben oder doch noch zur Vollendung in Gottes heiliger Lebensordnung zurückgeführt werden? Die göttliche Liebe erkannte sich der gefallenen Geisterwelt: Mit Hilfe der treu gebliebenen Engelsgeister entwickelte der Schöpfer aus den Urnebeln des Weltenstoffs durch Gliederung und Neubelebung den - in seiner Gesamtheit den "verlorenen Sohn" darstellenden - Bau des materiellen Universums. (Kant-Laplace'sche Weltentstehungslehre geistig begründet!) Damit leitete Gott auf all den zahllosen Weltsystemen und Weltkörpern eine Erlösung (Lösung) der in der Materie gebundenen Urwesen ein.

5. Den Zweck des Naturlebens:

Auf allen Gestirnen werden durch das göttliche

Walten die erstarrten Weltstoffmassen mehr und mehr gelockert. Die sich lösenden luziferischen Lebensfunken werden nach Gottes liebe-weisem Heilsplan in den Reichen der Naturwelt von den Engeln, den Dienern des Schöpfers, in immer neue geistige Läuterungsschulen gebracht. Dies, indem sie - zu stets reicheren Verbänden oder "Seelen" vereinigt - in immer höheren Lebensformen stufenweise durch das Mineral-, Pflanzen- und Tierreich emporgeführt werden. (Darwins Entwicklungslehre in allumfassender geistiger Sicht!) -

Auf diesem geistig-leiblichen Entwicklungsweg werden die "Naturseelen" im Bau und Gebrauch ihrer jeweiligen Lebenshüllen (alle Gebilde der drei Naturreiche) angeleitet. Sie beginnen damit, ihre widergöttliche Selbstsucht nach und nach zu überwinden und sich zur himmlischen Ordnung des Dienens in gegenseitiger Liebe zu bekehren. (Aufbau gemeinsamer Verbände, Organismen.) So predigt auch das Evangelium die "Erlösung aller Kreatur" durch die Macht der Liebe.

6. Den Menschen - das Endziel dieser Entwicklung:

Die auf diese Weise aus der luziferischen Materie aufgestiegene Menschenseele soll - unter dem Einfluss eines ihr eingehauchten Gottesgeist- oder Liebefunkens - sich nun im irdischen Leben bewähren. Durch freiwillige Erfüllung der Liebesgebote Gottes soll sich der Mensch immer höher bis zur wahren Gotteskindschaft entwickeln. um schließlich am Ziel der Vollendung zur wahren Freiheit und Seligkeit des ewigen Lebens einzugehen.

7. Die Wesenheit Jesu Christi:

Als die Schöpfung so weit gereift war, um die höchste Enthüllung der göttlichen Liebe - die Gottheit als "Vater" - zu fassen, wählte Gott unsere äußerlich so unscheinbare Erde zur größten Liebetat seiner Erbarmung aus. Hier, wo der innerste Geistkern Luzifers gebannt gehalten wird, hüllte Gott sein geistmenschliches Urmachtzentrum ins Gewand der Materie. ("Und das Wort ward Fleisch.") In Jesus Christus trat Gott selbst ins Menschenreich, um dieses und alle Geister der Unendlichkeit zu belehren. Als höchstes Zeugnis der Liebe zog Er selbst das Kleid der Materie an, um die Gefallenen aus ihrem Gerichte zu erlösen und die Geläuterten wieder ins Vaterhaus zurückzuführen. (Gleichnis vom verlorenen Sohn.)

Jesu Geist, das heilige Urmachtzentrum Gottes, ist der "Vater". Jesu Seele (und Leib), d.h. sein Menschliches, ist der vom Vater geschaffene "Sohn". Die in die Unendlichkeit ausstrahlenden Gotteskräfte, ausgehend vom Vater durch den Sohn, sind der "Heilige Geist". Und so sind in Christus vereint Vater, Sohn und Hl. Geist (Lösung der Dreieinigkeitsfrage!). Jesus: "Wer mich sieht, der sieht den Vater" und "Ich und der Vater sind eins!"

8. Den Heilsweg zur geistigen Wiedergeburt:

Als einzigen, zu Vollendung und ewigem Leben in Gott führenden Heilsweg lehrte Jesus das Grundgesetz der ganzen Schöpfung: "Liebe Gott über alles und deinen Nächsten wie dich selbst!" Weder äußerliche Werkgerechtigkeit (Sakramentenempfang) noch äußerliche Glaubensgerechtigkeit (Bekenntnisglaube) genügen; sie sind bestenfalls Hilfsmittel für den Heilsweg der reinen, tatkräftigen Liebe, dem Urgrund alles Seins.

Ist im Menschen mit Hilfe des Gottesgeistes die reine Himmelsliebe zum unbeschränkten Herrscher geworden, dann ist der Mensch dem Gerichte der Materie entronnen und hat die geistige Wiedergeburt erreicht. Mit dem ihr eingepflanzten Gottesgeist völlig verbunden, vermag die geläuterte Seele sodann zu einem wahren Gotteskind zu werden, "eins" mit ihrem Schöpfer und himmlischen Vater und ewig teilhabend an der Fülle seiner göttlichen Lebens- und Wirkungskräfte.

9. Die Fortentwicklung im Jenseits:

Die meisten Erdenmenschen treten nach ihrem Leibestod noch unvollendet in die feinstofflichen Jenseitssphären ein. Ihnen bietet die göttliche Liebe drüben neue Schulungsstätten, um schließlich alle -

wenn auch oftmals auf weit schwierigeren und peinvolleren Wegen - doch noch zur Vollendung zu führen. Denn der göttliche Plan einer allgemeinen Erlösung kennt keine ewige Verdammnis!

Um das Endziel zu erreichen, gelangen die noch unreif aus dem Leben scheidenden Seelen im "Jenseits", d.h. in der irdisch unsichtbaren geistigen Welt zunächst in eine Art Traumleben. Hier wird ihnen zu ihrer Belehrung ein von ihren Schutzmächten geleitetes innergeistiges Schauen und Erleben zuteil, das je nach ihrer guten oder bösen Gesinnung ein paradiesisch-wonnevolles oder höllisch-qualvolles Empfinden hervorruft. "Himmel und Hölle" sind somit keine Örtlichkeiten, sondern geistige Entwicklungszustände der Seele. - Stark selbstische, erdgebundene Seelen werden auch durch Wiedereinzeugung (Reinkarnation) auf anderen stofflichen Welten oder zuweilen auch auf unserem Erdplaneten weiter geschult.

10. Das Ziel der Vollendung:

Seelen, die sich auf Erden oder in der jenseitigen Welt zur reinen Gottes- und Nächstenliebe läutern ließen, gelangen zu stets neuer und beseligender Wirklichkeit. Ihre geistige Schau und Wirkungsmacht erweitert sich in den dreifach gestuften Himmeln, entsprechend der Reinheit und Stärke ihrer Liebe. Die endloser Steigerung fähige Seligkeit der Vollendeten besteht in immer tieferer Erkenntnis Gottes, immer größerer Liebe zu Ihm und all seinen Geschöpfen, sowie in stets wirkungsreicherer Mittätigkeit am hohen Werke der Schöpfung als der Offenbarung alles Seins und Lebens.

* * * * * * *

Schon diese kurzen Andeutungen lassen erkennen, dass bei den neuen Offenbarungen Gottes (den "Wolken des Himmels", siehe Daniel 7,13 und Matthäus 26,64, *HH*) eine geistige Religion von größter Weite, Einheitlichkeit und Folgerichtigkeit vorliegt. Sie vermittelt eine erhabene Lebenslehre reinster Liebe und höchster Tatkraft, in der die Gottheit, der Vater in Jesus, den Grundstein bildet.

Die ganze Fülle und Vielseitigkeit der Lehre eröffnet freilich erst das eingehende Studium der

Wiederkunft JESU im Wort Seiner Neuoffenbarungen. Diese bieten gerade das, worum die besten Geister unserer Generation zutiefst ringen: eine Synthese zu finden zwischen der Heilandslehre der Bibel und dem Entwicklungsgedanken der Wissenschaft. Daraus ergibt sich ein übereinstimmendes, an kein konfessionelles Bekenntnis gebundenes Christentum, das durch seinen Ethos der Liebe und die Tiefe seiner Erkenntnis alle Menschen zu einer hochgesinnten Geistes- und Lebensgemeinschaft zu einen vermag.

Aus "Ein Mann hört eine Stimme", Lorber-Verlag Bietigheim

Jakob Lorber und die Neuoffenbarung

Jakob Lorber (1800 - 1864) war ein von Gott erwählter Mann. Sein prophetisches Werk, das ihm durch inneres göttliches Diktat mitgeteilt wurde, wird in seiner Bedeutung in unserer Zeit immer mehr erkannt. Das 25bändige Werk schließt alle Fragen auf, die uns über die Heilsgeschichte, ja sogar über die gesamte Schöpfungsgeschichte bewegen. Da wird sowohl die Entstehung wie auch der Aufbau der Welten in ihrem physischen, astralen und geistigen Bereich bis ins kleinste durchleuchtet. Besonders aber erfahren wir alles über das Wesen Gottes, über die Welt der Engel, die jenseitigen Läuterungsstufen der Seelen nach dem irdischen Tod und, im Mittelpunkt stehend, das Wesen des Erlösers Jesu Christi.

Am 15. März 1840 vernahm er beim Morgengebet „in der Gegend des Herzens“ eine Stimme, klar und hell, die ihm gebot: „Steh auf, nimm deinen Griffel und schreibe!“ Diesem geheimnisvollen Rufe gehorchend schrieb er die folgenden Worte nieder: „So sprach der Herr zu mir und in mir (Jakob Lorber) für jedermann, und das ist wahr, getreu und gewiss: Wer mit Mir reden will, der komme zu Mir, und Ich werde ihm die Antwort in sein Herz legen. Jedoch die Reinen nur, deren Herz voll Demut ist, sollen den Ton Meiner Stimme vernehmen. Und wer Mich aller Welt vorzieht, Mich liebt wie eine zarte Braut ihren Bräutigam, mit dem will Ich Arm in Arm wandeln. Er wird Mich allezeit schauen wie ein Bruder den anderen, und wie Ich ihn schaute schon von Ewigkeit her, ehe er noch war."

Lorber hatte zuvor gerade das unerwartete Angebot erhalten, an der Oper in Triest die Stelle eines zweiten Kapellmeisters zu übernehmen und schon alle Reisevorbereitungen getroffen. Doch nach diesem ihn tief erschütternden Ereignis entsagte er, jetzt schon im 40. Lebensjahr stehend, diesem verlockenden Angebot und widmete sich fortan als „Schreibknecht Gottes", wie er sich zuweilen nannte, bis zu seinem Lebensende der Niederschrift dessen, was er in sich durch das „Innere Wort" vernahm und als Stimme Jesu Christi, das lebendige Wort Gottes empfand. Seinen oft dürftigen Lebensunterhalt musste er nun weiterhin als Musiklehrer und Klavierstimmer verdienen, weil er sein ansehnliches Erbteil seinem Bruder zum Existenz-

Aufbau leihweise überlassen hatte, aber zeitlebens nichts mehr davon zurückerhielt.

Für den Gesamtinhalt der Niederschriften Lorbers hat sich unter ihren Freunden seit langem die Bezeichnung „Neuoffenbarung“ (im Unterschied zur biblischen „Altoffenbarung“) eingebürgert. Sie will die ursprüngliche und vollständige Gottes-, Erlösungs- und Heilslehre, deren Kenntnis Jesus zum Teil seinen Aposteln und engsten Schülern vorbehalten musste, den Menschen des Industrie- und Informationszeitalters frei von traditionellen und modernen Irrtümern und Entstellungen, zusammen mit weiteren, erst den Menschen unseres Zeitalters begreiflichen Enthüllungen zugänglich machen. Das betrifft die im Mittelpunkt stehende Gottes- und Heilslehre wie auch die Aufschlüsse über die geistige Urschöpfung, den Entstehungsgrund und Zweck des materiellen Universums sowie die Läuterung und Weiterentwicklung irdischer Verstorbener in den verschiedenen jenseitigen Sphären.

Die Neuoffenbarung macht uns auch wieder bekannt mit den gesetzmäßigen Entsprechungen zwischen Dingen und Vorgängen in der geistigen und in der natürlichen Welt und dem rechten Verständnis ihrer Bildersprache. Die Kenntnis der geistigen Entsprechungen, zur Zeit Jesu nur noch wenigen Eingeweihten geläufig, ist der Schlüssel zum wahren Verständnis des inneren Sinns vieler Texte des Alten und Neuen Testaments, besonders des Johannes-Evangeliums als des geistigsten (übrigens auch in äußeren Dingen zuverlässigsten) der Evangelien, der Geheimen Offenbarung des Johannes und auch zahlreicher Texte der Neuoffenbarung.

Letztere bietet auch die beste Grundlage für eine wirklichkeitsgerechte Verbindung von geistiger Religion und wahrer Naturerkenntnis in einem Weltbild, in das die schon in frühchristlicher Zeit verlorengegangene kosmische Dimension und auch der Bereich des Übersinnlichen (heute als Parapsychologie und Paraphysik bezeichnet) wieder einbezogen sind. Auch in der Bibel berichtete außergewöhnliche, gemeinhin als „Wunder“ bezeichnete Ereignisse und Taten, deren Tatsächlichkeit zumeist geleugnet wird, verlieren durch die Neuoffenbarung den traditionellen Nimbus des unerklärlichen Mirakels, weil sie, auch für menschliche Vernunft nachvollziehbar, einer höheren geistgelenkten Naturgesetzlichkeit unterliegen. Christentum und Wissenschaft, Schöpfungslehre und Entwicklungsgedanke, Herzenserkenntnis und rationales Denken verbinden sich in der Neuoffenbarung zu einem übereinstimmenden, an kein konfessionelles Bekenntnis gebundenen Christentum. Es vermag in Jesus Christus alle Menschen zu vereinen in der Liebe zu Gott und tätiger Menschenliebe und Fürsorge für die uns anvertraute Schöpfung.

Von den 25 umfänglichen Bänden und einer Reihe kleinerer Schriften des Lorberwerks seien hier nur das „Große Evangelium Johannes“ und die „Jugend Jesu“ genannt. Im „Großen Evangelium Johannes“ besitzen wir gemäß biblischer Verheißung in Joh. 14,26 eine eingehende Schilderung der Lehrtätigkeit und des Wirkens Jesu. Wir werden gleichsam Ohrenzeugen auch jener Lehrgespräche, die Jesus nur im Kreise seiner reiferen Jünger und Freunde führen konnte und die, wie auch manche Heilungen, nicht zur späteren Aufzeichnung in den biblischen Evangelien bestimmt waren. Das zehnbändige Werk bildet gleichsam die „authentische Langfassung“ des biblischen Johannes-Evangeliums, dessen Chronologie es folgt, und ist das Herz- und Hauptstück der Gottesbotschaft durch Jakob Lorber.

Die „Jugend Jesu“ macht uns wieder mit dem seit frühchristlicher Zeit – bis auf geringe Teile, die in der „Berlenburger Bibel“ überliefert sind – verschollenen vollständigen Jakobusevangelium vertraut. Der von Jakobus dem Älteren (dem jüngsten Sohn Josephs aus erster Ehe und Helfer Marias bei der Betreuung ihres Kindes Jesus) verfasste ausführliche Bericht über Empfängnis und Geburt Jesu, ferner die mit römischer Hilfe gelungene Flucht der Familie vor dem Kindesmörder Herodes nach der damaligen Stadt Ostracine in Ägypten, ihr dortiger Aufenthalt und die Rückkehr nach Nazareth –, und vieles Weitere wird in einer Weise geschildert, die unser Gemüt tief anrühren, uns das Empfinden unmittelbaren Beteiligtseins vermitteln und etwas vom Wirken des Gottesgeistes im Kinde Jesus verspüren lassen kann.

Nach den prophetischen Kundgaben Lorbers vor 150 Jahren steht die Menschheit gegenwärtig mitten in der größten inneren und äußeren Umwälzung ihrer Geschichte und durchläuft in diesen Jahrzehnten den letzten, äußerst turbulenten und durch menschliches

Fehlverhalten, zunehmende Naturkatastrophen und technische Großunfälle geprägten Abschnitt (End- und Wendezeit) vor dem Durchbruch in ein neues Zeitalter, dem verheißenen Friedensreich Jesu Christi, in dem die Menschen den Geist Seiner Liebe in sich zur Herrschaft gelangen lassen.

Hermann-Josef Brodesser, Lorber-Verlag

Die Hauptwerke der Neuoffenbarung Gottes an Jakob Lorber

Die Haushaltung Gottes – 3 Bände:

Dieses Werk behandelt in einer machtvollen Propheten-Sprache die Hauptgrundfragen allen religiösen Denkens: Das Wesen Gottes, die Urschöpfung der Geisterwelt, die Entstehung der (materiellen) Sinnenwelt, die Erschaffung des Menschengeschlechts und die Urgeschichte der Menschheit bis zu der großen vorderasiatischen Erdkatastrophe der Sintflut. Was die ersten Kapitel der Bibel gewissermaßen in einem Samenkorn geben, das finden wir in dieser „Haushaltung“ als einen mächtigen, das Samenkorn erst recht bestätigenden und verherrlichenden Baum der Erkenntnis. Das Wesen Gottes und seiner geistigen und stofflichen Schöpfung wird uns hier in unvergleichlicher Weise vor die Seele geführt, sowohl nach der unnahbar erhabenen Seite, wie nach der bis ins

Kleinste sich hinab beugenden Liebe Gottes. Und ein tiefer, voller Strom des Lichts fällt schließlich in der Urgeschichte der Väter auf den wahren Zweck und Sinn und auf die Führungen des menschlichen Lebens.

Band 1 – Die Urgeschichte der Menschheit

- Das Geheimnis der Schöpfung
- Die Urzeit der Erde und des Mondes
- Der Sündenfall
- Die Geburt Cahins und Ahbels
- Die Entwicklung von Cahins Geschlecht
- Gründung der Stadt Hanoch in der Tiefe
- König Hanochs gottlose Regierung
- Die Nachfolger Hanochs bis zu König Lamech
- Urgeschichte des chinesischen Volkes
- Gegensätze zwischen Gott und den Menschen
- Gründung der ersten ordnungsmäßigen Kirche dieser Erde
- Vom Wesen der Zeit und der Ewigkeit
- Vom Wesen des Lebens
- Eine Verheißung des Herrn u.a.

Band 2 – Aufstieg und geistige Blüte des ersten Weltreiches Hanoch

- Ehestiftungen durch den Herrn: Lamech und Ghemela werden die Eltern Noahs sein
- Henoch vom Herrn zum Hohepriester eingesetzt und des Herrn Verheißung an ihn
- Die Verklärung Sehels
- Lamechs Bekehrung
- Erbauung des ersten Tempels in Hanoch
- Henoch: alleiniger Hohepriester dieser Zeit, „da Himmel und Erde in Eines geflossen sind“
- König Lamech: Oberpriester des neuen Tempels

Band 3 – Die ersten Hochkulturen - Entartung und Untergang in der Sintflut

- Liebesbund des Herrn mit der ganzen Erde
- Szene mit Satana
- Hanochs Goldenes Zeitalter im geistigen Sinne
- Verbannung Satanas durch Henoch in den Mittelpunkt der Erde

- Adams und Evas Tod
- Henochs Hinwegnahme
- König Lamechs Tod
- Allmählicher moralischer Verfall auf der Höhe und in der Tiefe
- Massenzuwanderung von Männern und Frauen der Höhe ins Riesenreich Hanoch und neuer moralischer Niedergang
- Hochblüte der Technik und Zivilisation, großartige Stadtkulturen
- Einführung des Heidentums in Hanoch
- Machtkämpfe, Intrigen und Kriegswirren im ganzen Reich
- Mahal (Bruder Noahs) und seine Kinder verstrickt in die tragischen Ereignisse der Tiefe
- Beginn der durch die Völker der Tiefe selbst verschuldeten Sündflut
- Mahals Verklärung und Engelsdienst in der Führung der Arche Noahs. Anhang: die vornoahische Gestalt der Erde

Kindheit und Jugend Jesu:

Bei diesem Werk handelt es sich um das durch J. Lorber wieder-empfangene Jakobus-Evangelium. Der Herr hatte ihm diese Neuoffenbarung schon im voraus am 22. Juli 1843 angekündigt und hinzugefügt: „Jakobus, ein Sohn Josephs, hat solches alles aufgezeichnet; aber es ist mit der Zeit so sehr entstellt worden, dass es nicht zugelassen werden konnte, als echt in die Schrift aufgenommen zu werden. – Ich aber will dir das echte Evangelium Jakobi geben, aber nur von der Zeit an, da Joseph Maria zu sich nahm. Jakobus hatte auch die Lebensbeschreibung Mariens von ihrer Geburt an mit aufgenommen sowie die des Joseph."

Und nun empfing der auserwählte Mittler durch die Stimme des Geistes in seinem Herzen eine umfassende, wunderbare Schilderung der Geburt und Kindheit Jesu von so inniger, erhebender Schönheit und Macht, dass wohl kein Herz den göttlichen Ursprung und die Wahrheit dieses kostbaren Schriftwerkes verkennen kann. Das Werden und Sich-entfalten des Jesuskindleins unter der Obhut Marias im Hause des Pflegevaters Joseph, auf der Flucht nach Ägypten und dann wieder zu Hause, in Nazareth, entrollt sich vor unseren Augen.

Wir erleben das erste wunderbare Wirken und Sichbekennen des Gottesgeistes in dem Kindlein und empfangen mit freudigem Staunen ungeahnte Einblicke in das heilige Geheimnis der Person Jesu. Es wird uns die beseligende Gnade, im „Sohne" den „Vater" zu erkennen und mithin in Jesus „Vater, Sohn und Heiliger Geist" vereinigt zu finden.

Mit den Bruchstücken der alten Überlieferung in der Berlenburger Bibel ist – bei Berücksichtigung der diesem Text widerfahrenen Veränderungen und Entstellungen – eine starke, teilweise wörtliche Übereinstimmung festzustellen. Und so beweist der Inhalt, dass uns in dieser Jugendgeschichte Jesu durch Jakob Lorber tatsächlich eine alte christliche Urkunde von unschätzbarem Wert neu gegeben ist.

Das große Evangelium Johannes 11 Bände:

Ist es nicht der Wunschtraum eines jeden Christen, möglichst das Ganze über Jesu Erdenwirken zu erfahren? Da die Evangelien aber mehr oder minder im Rahmen einer historischen Berichterstattung bleiben, muss es auch Propheten geben, die Eingeweihtenwissen vermitteln. So war der Menschheit der Heilige Geist verheißen worden, sie „alles zu lehren und an alles zu erinnern“. Gemäß Joh. 16,12-13 lautete ein bezügliches Wort Jesu an die Jünger:

> „Ich habe euch noch viel zu sagen; aber ihr könnt es jetzt nicht tragen. Wenn aber jener, der Geist der Wahrheit, kommen wird, der wird euch in alle Wahrheit leiten. Denn er wird nicht von sich selber reden; sondern was er hören wird, das wird er reden, und was künftig ist, wird er euch verkünden.“

Eine solche Verkündung aber konnte, wie eh und je, nur Aufgabe der Prophetie sein. So gab es auch in allen Jahrhunderten, angepasst an den Reifezustand der Menschen, eine solche nach-christliche Einweihung durch das direkte innere Wort. Das größte Einweihungswissen ging selbst-verständlich von Christus selber aus, wie er es im Kreise seiner Jünger auf Erden weitergab. Dass vieles davon unter Schweigegebot stand, bezeugt die Bibel. Mit dem Hauptwerk Jakob Lorbers „Das Große Evangelium Johannes“

wird uns auf dem Hintergrund des Lebens Jesu die ganze Lehre, die ganze Heilsgeschichte, das Wunder von der Begegnung des Göttlichen mit dem Menschlichen in aller Tiefe erschlossen. Dabei gibt Jesus selbst als Sprecher und Erzähler uns authentische Berichte von seinen Erdentagen.

Von der Hölle bis zum Himmel – 2 Bände:

Mit welcher Gewalt manche Seele im Jenseits von der Gottesliebe ergriffen wird, sobald sie nur in eine lichtere Sphäre gelangt ist, zeigt uns das Beispiel von Robert Blum. Auf Erden hatte er sich als Revolutionär aus Überzeugung mit Feuereifer für die Belange der unterdrückten Schichten eingesetzt. In Dingen der Religion aber war er indifferent und skeptisch geblieben. Drüben allerdings lernte er dann sehr bald die Führungen Gottes kennen. Die Lehre von der Eigenverantwortung des Menschen, die sein Schicksal auch nach dem Hinübertritt bestimmt, wird von Stufe zu Stufe lebendig miterlebt. Und manche drastisch-realistisch geschilderte Szene in der Geisterwelt beweist uns, dass der Mensch nach dem Ablegen seines Erdenleibes zunächst ganz derselbe Mensch bleibt, mit seiner Sprache, seinen Ansichten und Gewohnheiten, Neigungen und Leidenschaften, wie während seines Leibeslebens. Das geistige Wachstum im Jenseits hängt – drüben wie hier – einzig davon ab, wie das Grundgebot der Gottes- und Nächstenliebe verwirklicht wurde und wird. Im gleichen Maße wächst auch die Christus-Erkenntnis, und alle Kräfte helfen mit, besonders die Engel und auch der Herr selbst, dass eine geläuterte Seele zu ihrem eigentlichen Erlösungsziel gelangt.

Bischof Martin:

Wir sehen hier einen Menschen, wie er nach seinem letzten irdischen Atemzug das große Tor zum Jenseits durchschreitet. Drüben angekommen, bildet sich seine „Sphäre“ – zunächst einem Traumleben gleich, das noch ganz seine irdischen Irrtümer, Vorstellungen und Wünsche wider-spiegelt. Wir begleiten ihn bei seinen mannigfachen Vor- und Rückschritten auf dem Pfad der Erkenntnis und sehen, wie sich ihm mancherlei höhere Geistwesen und Engel zugesellen, die ihn durch läuternde und belehrende Erlebnisse für eine wahre Erkenntnis Gottes zubereiten.

Wir verfolgen, wie es immer lichter in der Seele des einstigen Bischofs wird und ihn sein geistiges Erwachen endlich in die hohen Welten der himmlischen Sphären führt. Seine wachsende Liebe lässt ihn nun das Göttliche in Jesus als den Vater der Ewigkeit erkennen, und damit tritt er in den Zustand seiner Vollendung ein, in die Gotteskindschaft mit all ihrer Freiheit, Schöpfergabe und Seligkeitsfülle. Wer die ersten Szenen dieses jenseitigen Schulungswerkes mit dem erreichten Endziel vergleicht, wird ermessen, welchen Weg ein Menschengeist zu durchschreiten vermag, der sich von Sphäre zu Sphäre durchringt bis zu den höchsten Höhen.

Für den aufgeschlossenen Leser bildet dieses Buch nicht nur ein beglückendes Zeugnis für die liebe- und weisheitsvolle Führung des Menschen nach seinem Erdenleben. In den Gesprächen und Erlebnissen Martins mit vollendeten Geistern wie Petrus und Johannes und zuletzt mit dem Herrn selbst findet jeder Suchende eine Überfülle klarster Antworten auf die

Fragen nach den Letzten Dingen. Und ihn weht eine heilige Ahnung an von der Unermesslichkeit der großen Schöpfungsidee, aber auch von der Würde des Menschen, wenn er in der erreichten Gotteskindschaft zur Krone der Schöpfung herangereift ist.

Die geistige Sonne – 2 Bände:

Dieses große Lehrwerk von den Zuständen des Jenseits führt uns gleichsam in zehn Geistersphären, das heißt, wir treten in das innere Blickfeld von zehn verschiedenen Geistwesen, die einst irdisch verkörpert waren. Ihre hohe und höchste Erkenntnis hat durch den Grad ihrer Liebe zum himmlischen Vater die verwandte, jedoch eigen geprägte Art ihrer seelischen Welten gestaltet.

Mit dem Eintritt des Lesers in die Sphären dieser zehn Geister – darunter sich die Apostel Petrus, Markus und Paulus, der Prophet Daniel, der Seher Swedenborg und zuletzt Johannes als der Inbegriff errungener Liebeweisheit befinden – erschließt sich ihm ein geistiges Bild von überwältigender Größe und Weite.

In sich stets steigernden Bildern und Szenen, die zugleich eine einmalige Schule der wichtigen Entsprechungslehre bilden, erhalten wir Einblicke in die Geheimnisse der Naturschöpfung von der Erde bis zu den Zentralsonnen. Darüber hinaus eröffnen sich aus der Sphäre dieser erleuchteten Geister Zusammenhänge zwischen den sichtbaren Welten des Universums und den unsichtbaren des geistigen Alls, die geeignet sind, das zu eng gewordene Weltbild von heute grundlegend umzuformen und zu einer überzeugenden Klarheit zu führen.

Hier reichen sich wahre Religion und Wissenschaft die Hand zu einem neuen Bund des schauenden Erkennens, und der Menschengeist beginnt etwas zu ahnen von der grenzenlosen Liebe, Weisheit und Allmacht des Schöpfers, welcher auf millionenfachen Wegen alles erdhaft Gebundene in die wahre Freiheit des Geistes zurückführt.

Die 3 Tage im Tempel:

Diese Schrift gibt einen Bericht der Vorgänge im Tempel, als der zwölfjährige Jesusknabe drei Tage lang unter den Lehrern und Ältesten weilte und mit ihnen tief-weise Gespräche, namentlich über die Messiasfrage, führte, worüber bei Lukas 2,47 nur knapp berichtet ist: „Und alle, die ihm zuhörten wunderten sich seines Verstandes und seiner Antworten."

Paulus' Brief an die Gemeinde in Laodizea:

Der Brief des Paulus an die Christengemeinde in Laodizea (erwähnt in Kol. 4,16) musste bis heute trotz eifriger Nachforschungen als verloren gelten. Auch dieses verschollene, wichtige Dokument aus der Zeit der jungen Christengemeinden wurde an Jakob Lorber durch inneres Diktat neu gegeben. Paulus, der sich leidenschaftlich für die Reinhaltung des Evangeliums einsetzte, führt in diesem Brief an die Laodizäer scharfe Klage, da sie ähnlich wie die Kolosser aus dem reinen Geistchristentum in ein zeremonielles Kirchenchristentum verfallen waren.

Erde und Mond:

Hier offenbart sich die Erde als ein kosmischer Körper, in dem es nichts Totes, Unbelebtes gibt, als ein pulsierender Organismus mit allen Organen, wie sie analog dem irdischen Menschenleib zu eigen sind. Es eröffnet sich eine innere Wunderwelt, in der gewaltige Elementarkräfte den Ausdruck eines plan-beseelten Entwicklungsvorgangs bilden, auf den alles Naturgeschehen hinzielt. Enthüllt schon der erste Teil dieser Schrift (die natürliche Erde) neben der materiellen Beschreibung des Erdkörpers vieles von dem naturgeistigen Sinn, so schildert der zweite Teil (die geistige Erde) die metaphysischen Zustände, die der Erde zugehören. Indem diese Darstellungen vom Wesen der Urschöpfung ihren Ausgang nehmen, wird damit das ganze Werk zu einer geistigen Lichtquelle höchster Erkenntnis. Im Anhang dazu findet sich als dritter Teil (der Mond) eine Schilderung der natürlichen Mondwelt mit der verschiedenen Beschaffenheit beider Mondhälften und ihrer Lebensbedingungen.

Jenseits der Schwelle:

Über die jenseitigen Schicksale der Seelen ist noch immer wenig bekannt, da ja jede Seele entsprechend ihrem Erdenleben zunächst eine ihrem inneren Zustand entsprechende Welt erwartet. Das Sterben des Menschen, sein Übertritt zunächst in eine aus seinen Gefühlen, Begierden und Vorstellungen erschaffene Traumwelt, und seine durch leitende Geister und Engel unterstützte Jenseitsführung werden in teils angenehmer, teils erschreckender Art beschrieben.

Quelle: Lorber-Verlag, Bietigheim, Bestellungen hier möglich

Schlussbemerkung

Jakob Lorber hat die umfassendsten und größten Offenbarungen erhalten. Auch als sehr bedeutend können die Schauungen Emanuel Swedenborgs angesehen werden, welche im 18. Jahrhundert eine Art Vorläuferschaft zu den im 19. Jahrhundert gegebenen großen Enthüllungen des Herrn durch Jakob Lorber darstellen.

Ebenfalls sehr Aufschlussreich sind die Einzelkundgaben, die Gottfried Mayerhofer, Max Seltmann und Bertha Dudde niederschrieben.

Bei aller Wortfülle sollte jedoch beachtet werden, dass die Offenbarungen immer mit der rechten Liebe zu Gott gelesen werden müssen, um den Geist Gottes im Menschen zu erwecken und Diesen dann, nach Anleitung durch das Gotteswort, in der Seele auch tatkräftig auszubilden.

Ich danke dem Lorber-Verlag in Bietigheim für die freundliche Genehmigung. Alle Bücher der Neuoffenbarungen Jesu Christi, welche Jakob Lorber, Gottfried Mayerhofer und andere empfingen, sind dort erhältlich. Die Bezugsquellen weiterer Bücher und Schriften erfahren Sie über das Internet.

Ich wünsche allen Lesern viel Freude und Dankbarkeit mit dem Liebelicht aus der großen Gnade unseres geistigen und ewigen Vaters Jesus Christus.

Hanno Herbst Im Bergfrieden, 25.12.2018